UNIVERSITÉ DE PARIS — FACULTÉ DE DROIT

LES TRANSFORMATIONS

des

Principes de la Responsabilité

EN DROIT PUBLIC ET PRIVÉ

THÈSE POUR LE DOCTORAT

(Es-Sciences Juridiques)

Présentée et soutenue le Vendredi 9 Février 1923, à 2 heures

PAR

FRANÇOIS FAIRÉ

M. BERTHÉLÉMY, *Président*

Suffragants :
M. CAPITANT, *Professeur*
M. BASDEVANT, *Professeur*

1923

LES PRESSES UNIVERSITAIRES DE FRANCE
49, Boulevard Saint-Michel
PARIS

LES TRANSFORMATIONS

DES

PRINCIPES DE LA RESPONSABILITÉ

en droit public et privé

INTRODUCTION

L'idée de la responsabilité est une des premières qu'ait conçue l'esprit de l'"homme vivant en société. Permettre à tout individu lésé par un autre de se venger ou d'en obtenir une réparation, assurer ainsi le respect des droits de chacun, tel est le but que toutes les législations ont poursuivi. Le processus de l'évolution est caractéristique. Le droit romain, à ses origines, associe étroitement le point de vue pénal au point de vue civil. C'est l'époque de la vengeance privée, autorisée pour des délits que la loi énumère limitativement. Puis la civilisation progressant, les mœurs s'adoucissent. On crée des délits nouveaux, tels que le *damnum injuria datum* au VIIe siècle de Rome, formule très générale sans doute de l'acte injuste et illicite, mais qui n'entraîne encore l'obligation de réparer le dommage que dans les seuls cas où son auteur se trouve dans les termes précis de la loi. Les actions *in factum*, et surtout les délits prétoriens viennent compléter cet ensemble.

Notre ancien droit, héritier de la tradition romaine réalise la fusion de l'idée d'injuria avec celle de dol et pose, le premier, le principe général de la responsabilité. Les canonistes font pénétrer l'élément moral dans le droit en distinguant entre les fautes suivant leur degré et la façon de les envisager *in concreto ou in abstracto*. Enfin, les articles 1382 et s. du code civil établissent d'une façon définitive les règles essentielles de la responsabilité délictuelle en la fondant sur la théorie de la faute.

Cette évolution est dominée par l'idée d'équité et de justice sociale. Au fur et à mesure que les mœurs se modifiaient et que la civilisation se perfectionnait, la conception de l'équité devenait différente, et plus exigeante, obligeait à améliorer des systèmes juridiques qui paraissaient jusqu'alors satisfaisants. Depuis le code civil, ce mouvement s'est encore accentué. L'aspect social du problème a pris le pas sur son aspect juridique. Les textes se sont révélés insuffisants, ou du moins, leur interprétation défectueuse. Les tribunaux ont dû, au fur et à mesure que les circonstances le leur imposaient, en étendre les applications. Œuvre toute de patience et de continuité de vues à laquelle ils se sont employés sous le contrôle de la Cour de cassaton. Celle-ci, composée de magistrats vieillis dans la carrière, gardiens tutélaires du code civil, juges du droit, éloignés des contingences d'un débat sur les faits, a suivi, avec une sage lenteur, les mouvements de l'opinion publique. Aussi règne-t-il peu d'incertitudes dans ses décisions. Sans être immuables, les solutions qu'elle donne s'enchaînent logiquement et forment un ensemble dans lequel se révèle le souci perpétuel de toujours améliorer, sans jamais être obligée de faire un pas en arrière après un mouvement imprudent.

A côté de la responsabilité des personnes privées, s'est développée, parallèlement, la responsabilité des personnes publiques. Il semble logique de penser que les art. 1382 et s. du code civil eussent aussi bien pu s'appliquer à celles-ci qu'à celles-là, puisqu'ils sont inspirés par l''équité et qu'une solution juste et équitable pour les unes ne pouvait manquer de l'être pour les autres. S'il n'en fut rien, cela tient essentiellement au caractère différent du droit privé et du droit public. Le premier se rattache à l'ordre de la justice dite commutative, le second à celui de la justice dite distributive. L'idée de l'irresponsabilité de l'Etat, survivance de celle de l'infaillibilité du souverain s'est perpétuée pendant longtemps. Il est est impossible de comparer la situation des individus entre eux, libres d'agir, de contracter ou de s'abstenir, avec les rapports des administrés avec la puissance publique, celle-ci commandant, ceux-là devant lui obéir, ne pouvant même pas éviter d'entrer en contact avec ses représentants et ses services, que l'étatisme et la centralisation rendent chaque jour plus influents et plus impérieux.

Sans doute, il n'eut jamais existé de divergences entre les principes des deux responsabilités, si la même juridiction avait été chargée de connaître à la fois des actions dirigées contre les particuliers et les administrations.

Mais la séparation des pouvoirs administratif et judiciaire exigeait que la responsabilité de l'Etat ne pût être mise en jeu devant un tribunal de l'ordre judiciaire. Ce fut le Conseil d'Etat qui eût à en connaître. Ses membres recrutés, tant au concours que dans l'administration active, ne sont pas seulement des juges, mais aussi des administrateurs d'élite qui se posent en gardiens de la moralité administrative. D'âges et de générations différentes, auditeurs et conseillers apportent à leur tâche, ceux-ci l'esprit de tradition et de prudence, ceux-là l'esprit de création. Comme le préteur, en l'absence de textes et se refusant à appliquer ceux du code civil, ils établissent eux-mêmes, en se fondant uniquement sur l'équité, les principes de la responsabilité de la puissance publique. Leur tendance constructive s'affirme sans cesse et se développe jusqu'à absorber complètement toutes les actions en responsabilité dirigées contre les administrations centralisées ou non. Juges du droit, mais aussi juges du fait, ils se montrent particulièrement soucieux de sauvegarder les intérêts particuliers qu'ils sont à même d'apprécier. Précédant, plus qu'ils ne les suivent, les indications de l'esprit public, il rédigent leurs arrêts avec une *imperatoria brevitas* qui leur permet de modifier leur jurisprudence sans trop de contradictions apparentes.

C'est sous l'influence de ces différents facteurs que se sont transformées depuis plus de cent ans les règles de la responsabilité, évolution qu'il est indispensable de connaître pour comprendre l'état actuel du problème. Il en est de celui-ci comme de tous ceux que l'esprit humain cherche à résoudre. « On ne peut en aucun genre se faire des idées justes sur le moderne quand on ignore l'ancien. On ne peut comprendre et apprécier d'une manière raisonnable les choses de son temps quand on ne domine pas son temps ; et comment le dominer, si l'on ne trouve dans une suffisante connaissance du passé des points de perspective et des points de comparaison ? (1) ».

L'évolution parallèle et l'état actuel de la responsabilité délictuelle en droit public et privé : tel est l'objet des chapitres qui vont suivre. Leur seul but est de montrer comment la Cour de cassation et le Conseil d'Etat, également inspirés par l'équité, se sont appliqués à améliorer ou à créer les principes de la responsabilité. Puisse le lecteur y trouver quelque enseignement utile.

(1) Pierre Lasserre, *Cinquante ans de pensée française*, p. 271.

PREMIÈRE PARTIE

LA RESPONSABILITÉ EN DROIT PRIVÉ

Chapitre I

La Responsabilité civile. — Son fondement

I. *Le principe général de la responsabilité civile.* — L'art. 1382 du C. civil ; son fondement : la théorie de la faute ; appréciation de la faute délictuelle par comparaison avec la conduite de l homme très diligent.

II. *Critique de la théorie de la faute et de la responsabilité subjective.* — Imprécision et incertitude du critérium de l'homme très diligent ; difficultés que présente la preuve de la faute ; conséquences pour la victime d'un dommage.

III. *La théorie du risque créé et la responsabilité objective.* — Elle doit son succès à la nécessité de protéger les ouvriers contre les accidents du travail. Toute entreprise doit supporter les risques qu'elle crée par son fonctionnement ; renversement du fardeau de la preuve ; la théorie du risque procède en philosophie du déterminisme

IV. *Critique de la théorie du risque.* — Impossibilité de déterminer la véritable cause d'un accident ; la responsabilité objective n'est conforme ni à l'équité ni à l'utilité sociale ; nécessité d'en limiter les applications ; la jurisprudence comme la doctrine restent attachées à la théorie de la faute.

I

Le principe général de la responsabilité délictuelle réside dans l'art. 1382 du code civil (1) : « Tout fait quelconque de l'homme qui cause à autrui un dommage, oblige celui par la faute duquel il est arrivé à le réparer. » De ce devoir d'assurer la réparation du préjudice causé, se déduit l'existence de l'obligation générale de ne pas nuire à autrui. Quiconque omet de s'y soumettre est responsable des conséquences dommageables que peuvent avoir ses actes. Mais suffit-il pour cela que soit établi le préjudice certain et actuel, matériel ou moral qui a pu être causé, ou faut-il, en outre, rechercher si l'auteur du dommage s'est rendu coupable d'une défaillance dans sa conduite, s'il a manqué des qualités que l'on peut exiger en des circonstances analogues, en un mot, s'il est en faute ? C'est là tout le problème du fondement de la responsabilité civile.

D'après le texte de l'art. 1382 du c. civil, et la majorité des auteurs ,il ne peut y avoir de responsabilité sans faute. En présence d'un fait dommageable, on doit rechercher tout d'abord la personne à laquelle il doit être imputé. Ce n'est qu'après l'avoir trouvée qu'il est possible d'examiner sa conduite et de voir si elle est en faute. Pour cela, il faut déterminer les cas dans lesquels celui qui a manqué au devoir de ne pas nuire à autrui doit être tenu pour coupable. La question de responsabilité civile est une question d'imputabilité.

La faute consiste essentiellement à violer par action ou par omission « une obligation légale préexistante (1) »,

(1) Planiol : *Traité élémentaire de droit civil*, 8e éd., t. II, n° 863, p. 275.

à faire librement un acte illicite qui porte atteinte aux droits d'autrui sans être de la part de son auteur l'exercice légitime d'un droit (1). Intentionnel l'acte illicite est qualifié de délit, involontaire, de quasi-délit. Dans l'un et l'autre cas, l'individu fautif est pleinement responsable. C'est sa faute objective, telle qu'elle se révèle dans ses rapports avec ses concitoyens, qui est prise en considération, et non sa faute subjective. On compare sa conduite à celle qu'aurait eue dans le même temps et les mêmes circonstances un homme très diligent, doué du maximum d'attention et de prudence, constamment dominé par le souci de ne pas nuire à autrui. La faute délictuelle est appréciée *in concreto* et *non in abstracto*.

Telle est la conception classique, essentiellement individualiste, du problème de la responsabilité qui s'attache à la conduite de l'homme, à la comparaison de ses actes, de ses droits et de ses devoirs. Elle tire son origine du droit romain, qui, pour déterminer les cas dans lesquels un individu devait être déclaré responsable, avait essayé de fixer les règles auxquelles il devait obéir. Les jurisconsultes de Rome jugeaient insuffisante, en matière délictuelle, la conduite ordinaire du *bonus paterfamilias*, doué de vertus moyennes, et ils estimaient indispensable une attitude pleine de prudence et d'attention constantes, dont le moindre relâchement était susceptible de constituer une faute. De là, la *règle* : In *lege Aquilia et levissima culpa venit.*

Ces principes se sont conservés dans notre. ancien droit. C'est Domat qui écrivait au dix-septième siècle :

---

(1) C. Aubry et Rau : *Cours de Droit civil français*, 5ᵉ édit., t. VI, § 444, p. 340, texte et notes 2 et 2 *bis*.

« Toutes les pertes et tous les dommages qui peuvent arriver par le fait de quelque personne, soit imprudence, légèreté, ignorance de ce que l'on doit savoir, ou autres *fautes* semblables, si légères qu'elles puissent être, doivent être réparées par celui dont l'imprudence ou autre *faute* y a donné lieu (1). »

Cette formule plus étendue que celle de l'art. 1382 du c. civil en contient déjà toute la substance.

La conception classique de la responsabilité subjective comme la théorie de l'autonomie de la volonté d'après laquelle, l'homme ne peut s'obliger, en matière contractuelle, que s'il le veut, procède d'une philosophie qui conçoit l'homme comme jouissant d'une volonté consciente et possédant son libre-arbitre. Philosophie saine, au demeurant, puisqu'elle aboutit à développer avec l'esprit d'initiative et le besoin d'activité, la juste notion de la responsabilité.

Ce n'est pas seulement la responsabilité du fait personnel prévue par les art. 1382 et 1383 du code civil qui repose sur l'idée de faute telle que nous venons de la définir. Il en est de même de la responsabilité du fait des personnes, des animaux ou des choses que l'on a sous sa garde, édictée par les art. 1384 et suivants. Dans ces cas, le gardien est présumé en faute d'avoir mal accompli son obligation. Sous le fait d'autrui ou des animaux, et encore plus sous le fait des choses, se retrouve son propre fait : *culpa in eligende* ou *in negligendo*, dont il est juste qu'il réponde. Nous verrons, cependant, à propos de la responsabilité du fait des choses, dans quelle mesure les tribunaux, en considérant le gardien

(1) Domat : *Lois civiles.*

comme fautif, bien qu'il lui soit impossible de surveiller la chose qui a causé le dommage, et en faisant peser sur lui une présomption de faute absolue, semblent s'écarter de cette idée traditionnelle pour se tourner vers la théorie du risque.

II

La théorie de la faute prise comme fondement de la responsabilité délictuelle a été critiquée, tant au point de vue théorique qu'en raison de ses conséquences pratiques.

On lui a reproché tout d'abord l'imprécision et l'incertitude du critérium qui est à sa base. Ce critérium serait imprécis parce qu'il est impossible de déterminer, *in abstracto*, le type de l'homme très diligent tel que le concevaient les juges romains. L'esprit se refuse à prévoir toutes les qualités dont il doit être muni, tous les défauts qu'il doit éviter. Mais il importe peu, en réalité, de fixer ce type de l'homme idéal; le seul but à atteindre, et qui l'est en fait, est de pouvoir dire dans chaque cas concret, ce qu'eût fait cet homme très diligent, et de juger ainsi, par comparaison, la conduite de l'auteur du dommage.

L'incertitude du critérium de la faute tiendrait à ce que l'idée que chacun se fait de la valeur d'un acte est essentiellement personnelle et subjective. Tel qui paraît agir sagement aux yeux d'aucuns, semble aux autres être un imprudent et un fol. Dans le même temps et les mêmes circonstances, un acte est apprécié différemment selon la mentalité de celui qui est appelé à le juger. Comment arriver, dès lors, à se fixer une règle de con-

duite ? Toute hésitation disparaît en présence du grand
nombre de décisions judiciaires qui offrent de multiples
exemples pratiques de ce que les tribunaux estiment fautif ou non et entre lesquelles il n'existe pas de divergences. Dans ces questions qui semblent ne relever que
de l'appréciation souveraine des juges du fond, la Cour
de cassation intervient pour unifier, si besoin, la jurisprudence en se réservant un droit de contrôle. Afin d'éviter
que tel fait soit qualifié de fautif par un tribunal, tandis
qu'il serait absous par un autre, elle vérifie si la qualification donnée au fait matériel souverainement constaté
par les juges du fond est exacte et si ce fait présente bien
les caractères de la faute civile (1).

Les adversaires de la doctrine classique ont fait valoir
également que si la responsabilité dépend de la faute de
l'auteur de l'acte illicite, c'est-à-dire du degré de sa culpabilité morale, c'est à celle-ci que la réparation doit être
proportionnée et non à l'importance du dommage ;
qu'au surplus l'individualisme qui est à la base du système est une théorie néfaste qu'il conviendrait d'abandonner dans ce domaine, comme dans beaucoup d'autres, parce que contraire aux nécessités sociales que seule
la doctrine solidariste peut satisfaire.

Le premier de ces arguments confond la cause de la
responsabilité et sa conséquence, qui doit être d'obliger
à une réparation intégrale du préjudice. Le second eut
été toujours insuffisant pour faire abandonner à lui seul
la théorie de la faute, si la responsabilité subjective
n'avait pu être l'objet de critiques plus vives et aussi plus
justifiées, sur le terrain pratique.

(1) Cf : Cass. 24 fév. 1910, S 12, 1, 379, note *Appert*, et 22 nov. 1914, S 1916,
1. 393, note *Appert*; Cass. 27 avril 1915, S 21, 1, 67.

La mise en œuvre de la responsabilité délictuelle, lorsqu'elle est subordonnée à l'existence d'une faute, exige que celui qui se plaint d'avoir été lésé établisse le dommage matériel, patrimonial ou moral qu'il a subi, et que ce dommage est imputable à une personne qui l'a causé par sa faute. La nécessité de cette preuve fait surgir de nombreuses difficultés.

La première tient à la nature du fait lui-même. Extérieur à l'activité de la victime, celle-ci ne peut, comme elle l'eut fait dans un contrat, se réserver une preuve de son droit. Il lui faut attendre la réalisation du fait dommageable pour établir l'existence du préjudice et surtout le lien de causalité entre celui-ci et l'activité de l'auteur supposé. Qu'elle ne puisse y parvenir et que la cause du dommage lui demeure inconnue ! Alors disparaissent toutes ses chances d'être indemnisée.

En admettant qu'elle réussisse à franchir ce premier obstacle, elle est encore obligée de prouver que l'acte générateur du dommage est fautif, c'est-à-dire contraire à l'obligation générale, mais imprécise de ne pas porter atteinte aux droits d'autrui. Son adversaire a beau jeu pour démontrer que tout autre eût agi comme lui, pour nier son intention dolosive, son imprudence ou sa négligence, au besoin pour établir soit qu'il a seulement fait usage de son droit, soit que le fait préjudiciable résulte d'un cas fortuit ou de force majeure.

Ces difficultés compatibles, à la rigueur, avec les conditions de l'existence à l'époque de la rédaction du Code civil, n'ont pas cessé de s'aggraver pendant tout le cours du dix-neuvième siècle. Le nombre des accidents, souvent d'origine inconnue, provoqués par le développement du machinisme, l'accumulation des ouvriers dans les usines, l'intensité de la circulation, s'est accru sans cesse. De même, l'importance des dommages matériels causés par des forces physiques ignorées jusqu'alors, vapeur, gaz et électricité, à des biens mobiliers ou immobiliers de valeur de plus en plus considérable.

La fréquence des accidents accroît la difficulté de les attribuer à une personne déterminée. Obligée de désigner au juge l'auteur du dommage, la victime se heurte souvent à une impossibilité absolue de le faire. Les accidents prennent le caractère de cas fortuits. Fait d'autant plus grave qu'ils sont, de par leur nature, localisés pour chaque catégorie de risques entre les mêmes auteurs et les mêmes victimes : patrons et ouvriers dans l'industrie, transporteurs et voyageurs ; comparez le nombre des uns et des autres. Pour ceux-là il est infime, pour ceux-ci, infini. C'est que les biens matériels sont détenus par une minorité qui est à la source de tous les dommages.

III

La théorie du risque créé ou de la responsabilité objective prétend échapper à tous ces inconvénients. Née de la nécessité qui est apparue à la fin du dix-neuvième siècle, en présence de la multiplication des accidents du travail, de faciliter aux ouvriers l'exercice de leur droit à indemnité, elle lui doit tout son succès. Au lieu d'analyser la conduite de l'individu responsable, elle le met en présence du préjudice qu'il a causé. Elle part de ce principe que tout dommage doit être réparé par son auteur qu'il soit ou non en faute, parce que celui-ci l'a provoqué par son activité, dont il doit, non seulement recueillir les avantages qu'elle lui procure, mais aussi supporter les pertes qu'elle lui cause et qui en sont le risque normal.

M. Esmein a résumé ainsi la théorie du risque : « Toute personne qui, pour atteindre un but quelconque emploie des moyens qui peuvent faire courir un risque, offrir un danger, soit pour elle-même, soit pour d'autres, doit prendre à sa charge la responsabilité du dommage qui peut être causé. Devant avoir les profits de l'entreprise, modiques ou considérables, elle doit subir les pertes inhérentes aux procédés employés. Et cela, alors même qu'il n'y aurait aucune faute proprement dite à lui reprocher, alors même qu'elle aurait pris toutes les précautions voulues, du moment qu'elle n'établit pas une faute caractérisée, soit de la victime ,soit d'un tiers. Si l'accident s'est trouvé humainement inévitable, c'est qu'l constituait un risque inhérent à l'entreprise, une suite, nécessaire en fait, du procédé dont on s'est servi. Celui qui trouve un avantage à employer ce moyen, qui, normalement, devait en tirer profit, doit subir les conséquences de l'accident survenu. C'était à lui de bien connaître le procédé auquel il avait recours, d'en bien peser les avantages et les inconvénients. S'il s'est trompé dans son calcul, ou si les mauvaises chances qu'il a dû prévoir se sont réalisées, la perte doit être à sa charge (1). »

Ce n'est pas seulement de ses propres actes que l'on doit répondre en vertu de l'idée de risque. C'est aussi du fait des personnes, des animaux ou des choses que l'on a sous sa garde. Quoique dérivant dans le Code Civil de l'idée de garde et non de celle de profit, cette responsa-

____

(1) Esmein, note sous Cass., 12 avril 1898, S 98, 1, 65.

bilité obéit en fait aux mêmes règles, les tribunaux ayant soin de rechercher parmi les gardiens celui qui tire un avantage de sa situation.

Mais pourquoi faire de la responsabilité uniquement la contre-partie du profit ? Parce que cela est conforme à l'équité et à l'ordre public. Dans toute entreprise, les charges doivent être déduites des bénéfices et elles ne se composent pas seulement des dépenses de machines, de matières premières ou de combustibles. Le rôle du patron est d'assurer à son personnel le maximum d'hygiène, de salubrité et de sécurité possibles. Les dépenses qui lui incombent de ce chef, qu'il s'agisse des salaires ou des indemnités qui peuvent être dues pour les accidents survenus à l'occasion du travail, doivent être supportées par son entreprise, comme contre-partie du profit que lui procure l'activité de ses ouvriers. Le dommage doit de toute façon causer l'appauvrissement d'un patrimoine. N'est-il pas juste que ce soit celui qui s'est enrichi préalablement ou qui est en mesure de récupérer la perte, qui doive le supporter ?

Avec la responsabilité objective disparaît la nécessité de prouver la faute. Il suffit d'établir le lien de causalité entre le dommage et la conduite d'un individu pour que celui-ci soit tenu de réparer. Peu importe qu'il n'ait commis aucune faute. Il ne peut se dégager qu'en apportant la preuve que le dommage est dû à la force majeure ou à une autre cause étrangère à son activité. Les cas fortuits passent à sa charge au lieu de rester à celle de la victime. Toute personne qui agit, se trouve de ce chef exposée à des risques variés, partant à des responsabilités multiples. Pour leur échapper, point ne lui est besoin de se confiner dans l'inaction. Il lui suffit d'avoir recours à l'assurance.

Cette solution logique, en apparence, du problème de la responsabilité ne se comprend que si l'on sépare le droit de la morale. La théorie du risque procède du mouvement philosophique dont le déterminisme fut avec le relativisme et le mécanisme un des principes fondamentaux. Et le déterminisme ne recherche pas le pourquoi des choses. Il se préoccupe uniquement de saisir l'enchaînement relatif des circonstances au milieu desquelles nous vivons. Mais dès qu'il s'agit de fixer la cause véritable d'un phénomène concret, il se heurte à une difficulté insurmontable.

IV

Aussi, la doctrine classique a-t-elle pu répondre facilement aux griefs des partisans de la responsabilité objective, en démontrant qu'il leur est impossible de déterminer l'élément essentiel de leur système, à savoir la cause exacte d'un dommage, et que tous les moyens proposés à cet effet, se révèlent inopérants. Parmi ces moyens, le plus simple est sans doute celui qui a été proposé par les Anglo-Saxons et qui consiste à choisir la cause la plus rapprochée. Cette solution est loin d'être la plus juste, puisqu'elle néglige tous les éléments qui ont concouru à la production du fait dommageable. Pour les théoriciens allemands, on devrait, en présence de deux individus, distinguer entre le sujet actif, seul responsable, et le sujet inactif, lequel n'a pu être l'auteur du dommage. D'autres, dont Endemann, ont proposé la théorie de la causalité adéquate, d'après laquelle la cause d'un acte dépendrait de son degré de participation au résultat, que l'on déterminerait par l'analyse. Tous ces systèmes aboutissent, en fait, à des impossibilités et ils se résument dans une dernière théorie, dite de l'équivalence des conditions, d'après laquelle toutes les conditions antérieures à un phénomène peuvent être considérées comme en étant la cause.

Outre cette difficulté de déterminer la cause d'un dommage, on reproche à la théorie du risque de rompre avec la règle traditionnelle qui met à la charge du demandeur le fardeau de la preuve. *Onus probandi incumbit actori.*

Ainsi, disparaîtrait la distinction que l'on fait entre la faute délictuelle et la faute contractuelle, distinction que nous estimons logique et nécessaire.

Enfin, il n'y a pas de raison pour que l'homme supporte les risques de la nature et non pas ceux que créent ses concitoyens. A vouloir trop étendre la responsabilité, on aboutit fatalement à paralyser toute activité humaine. Poussez le système jusqu'à ses conséquences dernières. Il vous conduit à penser que tout individu qui agit et réussit lèse, par là même, d'autres individus qu'il empêche d'arriver, et à conclure qu'il leur en doit réparation.

C'est se faire une bien fausse idée de l'équité et de l'utilité sociale que de croire aux vertus de la responsabilité objective, entendue du moins dans sa portée la plus générale. M. Duguit a lui-même écrit dans son étude sur les « Transformations du Droit public » : « Nous n'avons jamais compris cette opposition que l'on prétend établir entre l'équité et le droit, entre la solution théorique et la solution pratique. Ce qui n'est ni pratique ni équitable n'est pas juridique. Le droit est la règle

inspirée par un sentiment d'équité et venant répondre à
un besoin pratique. Il est cela, il n'est que cela, et une
règle qui n'est pas cela n'est pas une règle de droit (1). »
Est-il donc équitable et juridique de faire peser inconsi-
dérément la charge des dommages sur ceux qui ont pu
les provoquer par leur activité ? Certes, non.

L'obligation d'en réparer les conséquences ne peut
juridiquement leur incomber, car le droit exige que pour
être responsable d'un dommage on en soit vraiment l'auteur. Elle ne le peut davantage pratiquement. Il y aurait
là pour la majorité des individus une sujétion insuppor-
table et un accroissement de leurs charges dont ils ne
pourraient même pas, le plus souvent, se couvrir par
l'assurance. Et puis, quand bien même ils le pourraient,
l'obligation de s'assurer n'existe à la charge de personne,
à moins qu'elle soit imposée par le législateur.

La responsabilité objective ne peut concerner les rapports des individus entre eux. En est-il autrement lorsque le principe d'imputabilité ne peut intervenir parce
qu'il s'agit des rapports des groupes, entre eux ou avec
des individus ? M. Duguit (2) le soutient parce que, selon
lui, c'est seulement une question de risque qui se
pose, celle de savoir quel patrimoine doit supporter le
risque créé par l'activité du groupe considéré. « Il peut,
dit-il, naître alors une responsabilité objective et non
plus une responsabilité subjective. Il n'y a point, pour
savoir s'il y a responsabilité, à rechercher si une faute
ou une négligence a été commise, mais seulemsnt quel
est le groupe qui doit finalement supporter la charge du

---

(1) Duguit, *Les Transformations du Droit public*, p. 257.
(2) Duguit, *Les Transformations du Droit privé*, p. 138 et s.

risque. Il n'y a d'autre preuve à faire que celle du préjudice causé ; et cette preuve faite, la responsabilité joue
en quelque sorte automatiquement. »

Les solutions adoptées par la jurisprudence en matière
de responsabilité délictuelle qui vont faire l'objet des
chapitres suivants, nous montreront que la Cour de
cassation reste attachée, d'une façon générale, à l'idée de
faute prouvée ou présumée suivant les cas. De même, les
auteurs rejettent la théorie du risque.

M. Bartin (1) a montré comment la formule : *ubi
emolumentum, ibi onus esse debet*, ne pouvait être appliquée à la responsabilité pour risques que par « un abus
de langage et une confusion de mots ». « Il est bien vrai,
explique-t-il, que le propriétaire ayant pour lui toutes les
chances de-gain, prend par là même à sa charge toutes
les chances de pertes. Mais cela s'entend des pertes qui
atteignent la chose, et si l'on me permet l'expression,
qu'elle peut subir, et non pas des pertes qu'elle peut
faire subir. »

M. Hauriou, lui-même, après avoir été longtemps un
partisan de la théorie du risque, se rallie à la responsabilité pour faute (2). « ....Nous sommes fatigués, dit-il,
des écoles nouvelles et des théories objectives dont on
nous avait rebattu les oreilles depuis une trentaine
d'années. Une réaction se produit qui nous ramène tout
doucement aux vieux thèmes subjectifs..... La crise que
vient de subir la pensée juridique provient de ce qu'on
avait momentanément cru à l'identité du monde moral
et du monde physique : des juristes avaient emboîté le

____

(1) Aubry et Rau, *op. cit.*, t. VI, S 446, note 10, p. 374.
(2) Note sous C. d'Etat, 28 mars 1919, S 1918-19, 3, 25.

pas à des naturalistes et à des physiciens qui ne voyaient partout que matière, conservation de l'énergie, déterminisme, évolution sous l'influence du milieu. » Ainsi, réagissent les idées philosophiques d'une époque sur les systèmes juridiques. Avec le libre arbitre, il ne saurait être question d'un fondement de la responsabilité qui ne fût pas moral, et la théorie de la faute est seule à pouvoir remplir cette condition.

La responsabilité objective n'est, d'ailleurs, pas une responsabilité, mais une assurance. La preuve en est que lorsque la loi l'établit, comme pour les accidents du trvail, l'indemnité est toujours forfaitaire. L'obligation de s'assurer n'existe, de plein droit, à la charge de personne. Il faut qu'elle résulte d'un contrat ou de la loi. Seules, les entreprises suffisamment puissantes peuvent assumer ce surcroît de charges. Encore faut-il distinguer entre celles qui, gérées selon les principes d'un *bonus paterfamilias*, ne sont adaptées qu'à la responsabilité pour faute, et les entreprises qui mènent une vie exceptionnelle de spéculations et d'aventures, dont les dirigeants sont des *business-men*, et qui, seules, doivent prendre à leur charge la responsabilité des risques qu'elles créent.

Il est indispensable de limiter dans cette mesure la responsabilité pour risques telle que M. Duguit la conçoit dans les rapports des groupes entre eux. Si on doit admettre la responsabilité objective, c'est uniquement dans des circonstances exceptionnelles qui mettent les victimes dans une situation telle que le plus souvent il leur serait impossible de recevoir une indemnité. Il en est ainsi de la loi du 9 avril 1898 sur les accidents du travail ou de la réparation des dommages de guerre prévue par la loi du 17 avril 1919. Dans tous les autres cas, la théorie de la faute doit subsister.

Il est curieux de rapprocher de ces tendances actuelles de la doctrine et de la jurisprudence, ce que M. Duguit présageait en 1912 de l'avenir de la théorie du risque. Dans la conclusion de son étude sur les « Transformations du Droit public », il écrivait : « Nos pères avaient cru que le système juridique, métaphysique, individualiste et subjectiviste était définitif et immuable. Ne commettons pas une erreur pareille. Le système juridique, réaliste, socialiste et objectiviste est l'œuvre d'un jour dans l'histoire (1). » Ceci présageait avec exactitude ce qu'il devait advenir de la responsabilité objective, mais contrairement à ce que pensait M. Duguit, le système subjectiviste demeure, et semble s'affermir de plus en plus chaque jour. C'est à peine si une pierre de l'édifice commence à trembler. Je veux dire l'individualisme, issu de la Révolution et de l'affirmation des Droits de l'homme et du citoyen, auquel la génération actuelle semble renoncer en faveur de groupements de tous ordres. Mais ceux-ci ne sont encore qu'à l'état embryonnaire, et jusqu'à ce qu'ait été constitué tout l'édifice de groupements superposés, individus dans la famille, et les corporations professionnelles, familles et corporations dans la cité, cités dans la province et provinces dans l'Etat, sans doute attendrons-nous longtemps. Et puis, peut-être, ne le verrons-nous jamais, si quelque autre courant dirige nos esprits, si mobiles, vers d'autres horizons.

(1) Duguit : *Les Transformations du Droit public*, p. 281.

CHAPITRE II

LA RESPONSABILITÉ DU FAIT PERSONNEL

I *Les art. 1382 et 1383 du Code Civil.* — Extension par la jurisprudence des cas d'application de ces articles. Procédés employés.

II. *Extension de l'idée de faute.* — Tentatives faites pour
assurer la réparation des accidents du travail.

III. *La responsabilité extra-contractuelle.* — Louage de services et transport de personnes.

IV. *L'abus des droits.* — L'intention de nuire. Le détournement du droit de l'intérêt en vue duquel il a été conféré
par la loi.

V. *La réparation du préjudice moral.* — Suffit-il qu'un simple intérêt d'affection ait été lésé ?

I

Les art. 1382 et 1383 du Code civil posent les règles de
la responsabilité à raison des délits personnels, c'est-à-
dire de tout acte illicite par lequel une personne cause,
actuellement, avec ou sans intention mauvaise, un préjudice matériel ou moral à autrui.

Le délit consiste soit dans une fait d'action, soit dans
un fait d'omission, résultant d'une libre détermination
et qui n'est de la part de son auteur, ni l'accomplisse-

ment d'une obligation légale ni l'exercice légitime d'un droit. Un fait d'omission ne peut être qualifié délit que s'il constitue un manquement à une obligation légale préexistante.

Le demandeur doit prouver à la charge de l'auteur de l'acte illicite, l'existence d'une faute et que celle-ci a été la cause directe du dommage. Aussi, la responsabilité du défendeur disparaît-elle lorsque le préjudice est dû à la faute de la victime, à un cas fortuit ou à la force majeure. Les juges au fond apprécient souverainement les faits constitutifs de la faute, sous réserve du droit, pour la Cour de cassation, de vérifier s'ils présentent un caractère illicite. Les tribunaux et la Cour suprême ont trouvé dans leurs pouvoirs respectifs le moyen d'étendre considérablement le champ d'application des art. 1382 et 1383 du Code civil en aggravant l'idée de faute, en supposant, dans certains contrats, l'engagement tacite de l'un des co-contractants, d'indemniser l'autre en cas d'accident, puis en apportant des limites à l'usage des droits, enfin en assurant la réparation de tout préjudice moral.

II

Le premier procédé qui fut utilisé consista pour les tribunaux à se montrer de plus en plus sévères dans l'appréciation de la conduite des individus.

Déjà, nos anciens auteurs, partant de la règle : *in lege Aquilia et levissima culpa venit* (1) estimaient insuffisant, en matière délictuelle, qu'un individu se contentât

---

(1) 44 D : *Ad legem Aquiliam*, **IX, 2**.

de se conduire en bon père de famille et ils pensaient qu'il fallait, pour éviter de nuire à autrui, agir comme un homme doué non seulement de diligence moyenne, mais aussi de prudence et d'attention (1).

M. Planiol a essayé de dresser un tableau des obligations légales qui incomberaient au type du citoyen idéal, attentif à veiller sur ses moindres actes, afin d'éviter qu'ils ne portent atteinte à autrui. L'interdiction de nuire, sanctionnée par l'art. 1382 aurait, d'après lui, un quadruple objet : « 1° S'abstenir de toute violence envers les choses ou les personnes ; 2° s'abstenir de toute fraude, c'est-à-dire de tout acte destiné à tromper autrui ; 3° s'abstenir de tout acte qui exige une certaine force ou une certaine habileté que l'on ne possède pas au degré voulu ; 4° exercer une surveillance sur les choses dangereuses qu'on possède ou sur les personnes dont on a la garde (enfants, fous, etc.) » (2). Dans toutes ces fautes, alors même qu'elles semblent ne porter atteinte qu'au devoir d'habileté, se révèle un manquement à la légalité.

Cet essai de systématisation demeure insuffisant pour déterminer les cas de responsabilité.

Il n'y a que des solutions d'espèces, données par la jurisprudence au fur et à mesure que le besoin s'en est fait sentir.

Ainsi, pour les accidents du travail, les premières tentatives pour assurer une protection plus efficace de la vie des ouvriers, consistèrent à condamner les chefs d'éta-

<hr>

(1) Cf : A. Colin et H. Capitant : *Cours élémentaire de Droit civil français*, 2ᵉ édit., t. II, p. 377.
(2) Planiol, *op. cit.*, t. II, n° 865, cf : *Du Fondement de la Responsabilité, Revue Critique*, 1905, p. 277, et 1906, p. 80.

blissements qui avaient omis d'adopter un mécanisme de sécurité, même si l'existence en était inconnue, ou de prendre les précautions nécessitées par l'outillage ou son état de défectuosité, à déclarer le patron coupable de n'avoir pas empêché ses ouvriers de commettre des imprudences ou de n'avoir pas pris toutes les mesures nécessitées par l'âge ou l'inexpérience des ouvriers, les usages en cours dans l'industrie, la nature plus ou moins délicate du travail (1).

Mais il fallait toujours que l'ouvrier fit la preuve de la faute du patron (2) et du lien de causalité entre cette faute et le dommage.

III

C'est pour échapper à cette difficulté que certains auteurs (3) s'appliquèrent à supposer dans le contrat de louage de services l'engagement tacite du patron de garantir ses ouvriers contre les accidents survenus à l'occasion du travail. La responsabilité délictuelle se serait trouvée remplacée par la responsabilité contractuelle. L'ouvrier n'aurait eu qu'à prouver la matérialité du fait dommageable pour que la responsabilité du patron fût engagée, sauf dans les cas où celui-ci aurait pu démontrer que l'accident était dû à la faute de son employé ou à un cas de force majeure.

(1) Dijon, 27 avril 1877, D 78, 1, 297; Req. 20 février et 12 juillet 1900, S 1900, 1, 400; Paris, 29 mars 1883, D 84, 2, 89 et 1er mars 1887, D 87, 2, 208; Besançon, 14 novembre 1888, D 90, 2, 239; Req 7 mars 1893, D 93, 1, 208.

(2) Req 26 novembre 1877, D 78, 1, 118, et 2 décembre 1884, D 85, 1, 423.

(3) Marc Sauzet : *La Responsabilité des patrons envers leurs ouvriers Revue Critique*, 1883, p. 596 et s.; Sainctelette : *Responsabilité et Garantie*, Bruxelles, 1880.

Adopté (1), puis rejeté le 29 mars 1889 par la Cour de cassation belge, ce système n'eut aucun succès devant les tribunaux français, pour lesquels, il était à supposer, que si le patron avait été consulté, il n'aurait jamais accepté d'assumer la responsabilité de tous les accidents survenus à ses ouvriers, alors même qu'ils auraient été dus à l'imprudence de ces derniers.

On essaya, par la suite, de préciser et de limiter l'obligation du patron. Ce travail doctrinal (2) resta sans portée pratique, la loi du 9 avril 1898 ayant posé d'une façon définitive les règles de la responsabilité des accidents du travail.

La théorie de la responsabilité contractuelle devait avoir plus de succès en ce qui concerne les accidents survenus aux voyageurs au cours de leur transport. Ici encore, on admit que le voiturier avait contracté en délivrant les billets, une obligation de sécurité à l'égard des voyageurs et qu'il s'était engagé à les déposer sains et saufs à destination.

La Cour de cassation, à laquelle il paraissait impossible de supposer chez le transporteur cette volonté d'indemniser les voyageurs en cas d'accident, resta longtemps réfractaire à cette idée (3). C'est seulement en 1911 qu'elle s'y rallia, en décidant à propos d'une clause d'un billet de passage qui attribuait compétence exclusive à

---

(1) Cass. Belge, 8 janvier 1886, D 86, 2, 153. La Cour de cassation belge exigeait cependant que l'ouvrier fît la preuve de la faute du patron. La Cour suprême du Luxembourg décidait, au contraire, que le patron devait être présumé en faute et qu'il lui appartenait, pour dégager sa responsabilité de prouver la faute de l'ouvrier ou la force majeure. Cf : Cour suprême du Luxembourg, 27 novembre 1884, D 86, 2, 153.

(2) V. les notes de Labbé, S 89, 4, 1, et d'Esmein, S 97, 1, 17 et 98, 1, 65.

(3) Cass. 10 décembre 1884, D 85, 1, 433, note *Sarrut*, S 85, 1, 129, note *Lyon-Caen*; Paris, 31 janvier 1895, S 96, 2, 225, note *Chavegrin*; Cass. 14 décembre 1903, D 15, 1, 314..

un tribunal déterminé pour les difficultés auxquelles
pourrait donner lieu l'exécution du contrat de transport
par mer, que ce tribunal était compétent pour connaître
de l'action en indemnité intentée par le passager victime
d'un accident survenu au cours du transport et s'y rattachant, parce que « l'exécution du contrat de transport
comporte, pour le transporteur, l'obligation de conduire
le voyageur sain et sauf à destination (1) ». Depuis lors,
la Cour suprême, approuvée par la majorité des auteurs,
n'a jamais cessé d'appliquer ce principe et même de le
développer (2).

M. Ripert l'a toujours critiqué et, malgré la consécration définitive que lui a donnée la Cour de cassation, il
maintient toutes ses objections (3). Pour lui, la responsabilité du voiturier ne peut être sanctionnée, à la fois,
par les art. 1147 et 1382 ; il n'existe aucune ressemblance
entre les marchandises, choses inertes qui ne peuvent
ni se léser, ni se protéger et que le voiturier vérifie en les
recevant. et les personnes physiques, douées de raison
et d'action, qui peuvent agir pour se préserver d'un accident ou pour commettre des imprudences. C'est uniquement par une supposition arbitraire que le transporteur est déclaré avoir contracté l'obligation de sécurité
dont il devrait pouvoir s'exonérer par une clause formelle insérée dans le contrat de transport. M. Ripert

(1) Cass 21 novembre 1911, S 12, 1, 173, note *Lyon-Caen*, D 13, 1, 249, note
Sarrut.
(2) Cass. 27 janvier et 21 avril 1913, D 13, 1, 249; 27 janvier 1913, S 13, 1,
177, note *Lyon-Caen*; 28 juin 1916 *Gaz. des Trib.* 23 septembre 1916, *avec
le rapport de M. le Conseiller de Villemomble.* Pour l'application de la
responsabilité contractuelle aux accidents survenus à des militaires pendant la guerre. V. Req. 9 novembre 1921, *Gaz. Pal.* 22, 1, 77, même trans-
portés. en vertu d'un ordre de transport : Civ. Cass. 24 janv 1922, 2 arrêts,
Gaz. Pal., 22. 1. 345.
(3 *Cours de Droit civil approfondi.* 1920-21.

ajoute que s'agissant d'une responsabilité contractuelle, les dommages-intérêts ne devraient comprendre que le préjudice prévu, qu'il est impossible de connaître quand commence l'exécution du contrat, et enfin qu'il est difficile de savoir à quel titre les héritiers de la victime décédée agiront, si ce sera en leur qualité d'héritiers et en vertu du contrat ou en leur nom personnel, en se fondant sur l'art. 1382 du Code civil.

Malgré leur force, qu'on ne peut méconnaître, ces objections n'ont pas paru décisives. La responsabilité du voiturier, a-t-on répondu (1), peut être tantôt contractuelle, tantôt délictuelle suivant que l'accident se place ou non pendant l'exécution de la convention. Dès lors qu'elle existe pour les animaux qui se blessent, a fortiori doit-il en être de même pour les voyageurs. La situation privilégiée des Compagnies de chemins de fer justifie cette rigueur et qu'elles ne puissent s'exonérer de l'obligation qui leur incombe de transporter les personnes en bon état, à destination, parce que cette obligation est de l'essence du contrat de transport, en vertu de considérations d'ordre public (2). Enfin, il importe peu, en pratique, de savoir si les dommages-intérêts sont dus en vertu de l'art. 1150 ou de l'art. 1382 du Code civil, puisqu'ils sont évalués souverainement par les juges du fond, qui décident de même, si l'accident est survenu pendant la durée de la convention, dont le commencement coïncide, en général, avec la délivrance du billet.

Les avantages pratiques de la théorie de la responsabilité contractuelle sont indéniables pour les voyageurs

---

(1) Cf. le Rapport de M. le Conseiller de Villemomble, précité.
(2) Cf. note *Sarrut*, D 1913, 1, 250.

puisqu'elle aboutit à renverser le fardeau de la preuve et à mettre à la charge du transporteur tous les accidents dont il ne peut démontrer qu'ils sont dus à un cas fortuit, à la force majeure ou à la faute de la victime.

IV

Un troisième procédé, et de beaucoup le plus fécond, d'extension de la responsabilité civile est celui de l'abus des droits (1).

Un droit quelconque, si absolu qu'il soit en apparence, ne peut être exercé indéfiniment, même dans les limites objectives que le législateur lui a tracées. Ces limites ne concernent que son contenu et non les modalités de son exercice. Le droit ne devrait jamais être utilisé dans un but autre que celui en vue duquel il a été créé, ou dans la seule intention de nuire à autrui.

Cette théorie récente a mis en opposition, par les discussions et les applications systématiques dont elle a été l'objet, la doctrine et la jurisprudence. Celle-ci s'est depuis longtemps prononcée en sa faveur ainsi qu'en témoignent le nombre des décisions qui en ont fait application. Celle-là, au contraire, tend à rester attachée à une conception plus absolue des droits, considérés comme des dogmes intangibles, des prérogatives inébranlables et qui s'exprime par des brocards vénérables, tels que : « *Neminen laedit qui suo jure utitur* », ou « *Nullus videtur dolofacere qui suo jure utitur* ». Telle est l'idée que professe M. Planiol, qui ne veut voir dans l'ex-

(1) V. Planiol, *op. cit.* t. II, numéros 870 et s.; Josserand, *notes au Dalloz.* 1905, 2, 105; 190, 2, 73 et 1913, 2, 177 et les auteurs cités. Ripert : *De l'exercice du droit de propriété dans ses rapports avec les propriétés voisines* et note sous Cass. 12 février 1907, D 07, 1, 386.

pression : abus du droit, qu'une « logomachie ». « Le droit, dit-il, cesse où l'abus commence et il ne peut y avoir « un usage abusif » d'un droit quelconque, pour la raison irréfutable qu'un seul et même acte ne peut pas être tout à la fois conforme au droit et contraire au droit (1). » Les partisans de la doctrine traditionnelle approuvent cependant, en général, les applications jurisprudentielles de la théorie de l'usage abusif de sdroits, en les considérant comme la mise en œuvre de la règle plus large, d'après laquelle il est interdit d'agir sans droit.

Les défenseurs de la théorie de l'abus du droit critiqent cette interprétation. Entre la notion d'usage abusif d'un droit et celle d'absence de droit, il y aurait toujours, d'après eux, cette différence irréductible, que tandis que la première est une notion psychologique, révélée par l'état d'âme du titulaire du droit au moment où il en use, qu'elle se rattache, en un mot, et suivant une expression maintes fois employée par les tribunaux, à l'idée de but et qu'elle ne peut être génératrice de responsabilité que lorsqu'il en est résulté un dommage pour autrui, la seconde demeurerait toujours objective, engageant la responsabilité de l'auteur de l'acte fait sans droit, qu'il soit dommageable ou non pour autrui (2).

L'usage abusif d'un droit se révèle, nous l'avons indiqué, sous deux aspects différents (3).

Ce peut être, tout d'abord, exercer un droit dans

---

(1) Planiol, *op. cit.*, t. II, n° 871.
(2) Cf. Josserand, *notes au Dalloz*, précitées.
(3) V. dans Aubry et Rau, *op. cit.*, t. VI, § 444, p 340, *à la note 9 bis*, l'exposé par M. Bartin des deux systèmes et la critique du premier. Cette note serait à commenter si ce n'était sortir du domaine de cette étude.

l'unique intention de nuire à autrui, laquelle serait constitutive d'un délit civil, réprimé en vertu de la règle : « *Malitiis non est indulgendum* ». Cela peut s'entendre aussi de l'exercice illégitime d'un droit, parce que détourné de l'intérêt en vue duquel ce droit a été reconnu par la loi, sans qu'il y ait lieu de tenir compte du mobile, malicieux ou non, qui l'inspire (1).

Ces deux conceptions de l'usage abusif des droits se retrouvent dans la jurisprudence.

La première application que celle-ci en ait faite, et aussi la plus caractéristique, tant était incontesté le droit qui en faisait l'objet, porta sur l'exercice du droit de propriété. Ainsi, furent condamnés, par exemple, à des dommages-intérêts, le propriétaire d'une maison qui avait fait construire une fausse cheminée ou une clôture inutile pour masquer la vue à une propriété contigüe (2), ou le propriétaire d'un terrain qui avait effectué des fouilles sur son fond en vue de couper les sources de ses voisins (3), ou celui qui battait du tambour à la limite de son champ pour empêcher un voisin de chasser (4). De même, celui qui avait fait des installations dans le seul but de rendre inutilisable, par les dangers qui en résulteraient, le terrain d'atterrissage d'un aérodrome (5) ou qui laissait croître ses arbres jusqu'à une hauteur telle qu'ils fussent une cause de dégâts pour les toitures des immeubles voisins (6).

---

(1) A ce point de vue, l'usage abusif des droits présente des points communs avec l'excès de pouvoir et le détournement de pouvoir tels qu'ils existent en droit administratif.

(2) Colmar, 2 mai 1855, D 56, 2, 9; Sedan, 17 décembre 1901, S 04, 2, 217, *note Appert*.

(3) Lyon, 18 avril 1856, D 56, 2, 199; Cass. 10 juin 1902, S 03, 1, 12.

(4) Paris, 2 décembre 1871, D 73, 2, 196.

(5) Compiègne, 19 février 1913, D 13, 2, 177, *note Josserand*, et Req. 3 août 1915, D 17, 1, 179.

(6) Limoges, 20 juin 1921, D 22, 2, 49.

Une seconde forme de l'usage abusif d'un droit s'est révélée dans celui d'ester en justice. Toutes les fois qu'un plaideur agit de mauvaise foi et par esprit de chicane, dans le seul but de porter préjudice à ses adversaires, les tribunaux accordent des dommages-intérêts à la victime d'une action judiciaire intempestive, en relevant le préjudice qui lui a été causé et la faute commise qui résulte soit de l'intention dolosive, soit d'une erreur grossière équipollente au dol.

Il en est ainsi du plaideur qui réclame un droit ou qui prend une qualification qu'il sait ne pas posséder ou bien encore qui intente une action qui ne lui appartient pas (1).

La même sanction peut s'appliquer au défendeur de mauvaise foi qui oppose une résistance injustifiée aux prétentions du demandeur (2), au plaideur qui abuse des incidents de procédure ou des voies de recours, afin de retarder la solution définitive du litige (3), enfin à celui qui ayant gagné un procès, multiplie sans raison les saisies sur son débiteur ou n'en proportionne pas le montant à celui de la dette (4).

Dans toutes ces hypothèses, les tribunaux accordent, suivant les cas, des dommages-intérêts — de 500 fr. à 2.000 fr. en général, — la condamnation à ce titre aux dépens, aux frais frustrés, aux frais d'enregistrement (5), mais ils doivent prendre soin de spécifier nettement les

(1) Req. 18 nov. 1907, D 08, 1, 91; cf. Cass. 6 janv. 1909, D 09, 199; Req. 25 oct. 1909, D 10; 1, 189; Cass. 17 juin 1911, D 12, 1, 150. (
(2) Cass. 26 mai 1889, S 92, 1, 397, et 10 janv. 1907, D 08, 1, 376.
(3) Req. 14 mars 1905, S 05, 1, 72, et 10 janv. 1910, D 11, 1, 370; Cass. 19 mars et 24 avril 1907, D 07, 1, 270 et 293; Paris, 24 février 1920, D 20, 2, 104.
(4) Req. 22 oct. 1895, S 99, 1, 443; 22 déc. 1897, D 99, 1, 85; Paris, 26 juillet 1919, D, 20, 2, 104; Cass. 19 avril 1920, jurisclasseurs.
(5) Cass. 8 juillet 1896, D 97, 1, 361 et 18 décembre 1907, D 08, 1, 198.

faits d'où résulte la faute du plaideur malavisé, afin de permettre à la Cour de cassation d'exercer son contrôle (1).

Les tribunaux ont également appliqué la théorie de l'abus des droits aux litiges nés à l'occasion des contrats de travail, des grèves, des lock-out patronaux en condamnant, par exemple, à des dommages-intérêts le syndicat qui avait interdit à ses ouvriers de travailler chez un patron non syndiqué, ou qui avait mis à l'index soit l'industriel qui employait un ouvrier, soit l'ouvrier lui-même dont il exigeait le renvoi, toutes les fois que ces agissements n'avaient pas pour but de faire respecter ou améliorer les conditions du travail (2).

Ont été aussi reconnus susceptibles de donner lieu à un usage abusif le droit de conclure un contrat, d'en différer l'exécution ou de le résilier (3).

De même, enfin, le droit de critique artistique et littéraire et son corollaire : le droit de réponse. Des décisions, célèbres par la personnalité des parties en cause, n'avaient appliqué jusqu'ici la théorie de l'abus des droits qu'au seul droit de critique, en laissant subsister, sans restriction, le droit de réponse prévu par l'art. 13 de la loi de 1881 sur la presse (4). Tout récemment, la Cour de Paris a décidé qu'il lui appartenait de prévenir les abus dont le droit de réponse pourrait devenir le prétexte, parce que ce droit « qui apparaît comme une

---

(1) Cass. 22 juillet et 2 août 1897, D 97, 1, 614 et s.; 20 oct. 1903, D 04, 1, 18.

(2) Cass. 22 juin 1892, D 92, 1, 449; Douai, 7 mai 1902, D 03, 2, 329, note *Planiol* et S 03, 2, 233, note *Wahl*; Cass. 25 janvier 1905, D 05, 1, 153, note *Planiol* et S 06, 1, 209, note *Wahl*.

(3) Epernay, 28 fév. 1906, et Lille, 12 novembre 1906, D 08, 2, 73, note *Josserand;* Cass. 7 mai 1912, *Gaz. Pal.* du 16 juin 1912; cf. *Les espèces citées* au D 1920, 2, 33, note *Ripert*.

(4) V. les arrêts cités au *Strey*, 1897, 2, 76 et Trib civ. de la Seine, 29 janv. 1921, *Gaz. Pal.* 1921, 1, 280 et la note.

forme de légitime défense, se traduit dans l'application par une atteinte au droit de propriété, alors qu'il enlève au journal, contre lequel il est invoqué, la disposition d'une partie de ses colonnes ; qu'exercé comme droit absolu et quasi automatique, le droit de réponse, sans la réserve qu'apporte à en user le bon sens public, aboutirait à une expropriation véritable et rendrait illusoire la liberté de la presse proclamée par le législateur (1) ».

Les tribunaux se sont ainsi efforcés de réprimer des actes illicites en recherchant l'intention de leur auteur, en comparant le but poursuivi et le résultat atteint, l'utilité de l'acte et les frais qu'il avait imposés, et en justifiant par la constatation de la mauvaise foi, la condamnation à des dommages-intérêts.

V

Tout délit engendre l'obligation de réparer le dommage actuel et certain qu'il a causé à autrui. Ce dommage peut être matériel ou moral. Le droit à réparation qui porte sur le « *damnum emergens et lucrum cessans* » n'a jamais fait de doute dans le premier cas.

Les tribunaux, appuyés par la doctrine, l'admettent également et d'une façon de plus en plus large en ce qui concerne le préjudice moral, le seul dont il doive être question ici.

Les applications en sont multiples : diffamation, injure, atteintes à l'autorité paternelle ou à l'autorité maritale, et surtout aux affections de famille dans le cas de mort par accident survenue à un parent.

____

(1) Cour de Paris, 24 nov. 1922.

Longtemps, les tribunaux n'accordèrent en fait, de dommages-intérêts que s'ils pouvaient relever à côté du préjudice moral, un préjudice matériel (1) ; sinon ils se bornaient à allouer une réparation de principe : condamnation de l'auteur de l'accident aux dépens de l'instance ou à un franc de dommages-intérêts (2).

La raison en était dans la difficulté d'évaluer le montant de la réparation du préjudice moral. Raison que le législateur n'a cependant pas trouvée suffisante, puisqu'il a fait état de ce préjudice dans l'art. 46 de la loi du 29 juillet 1881 sur la presse et dans l'art. 6 de la loi du 12 juillet 1905 sur les justices de paix. De même l'art. 446 du Code d'instruction criminelle reconnaît le droit de demander des dommages-intérêts en cas de décès de la victime d'une erreur judiciaire « à son conjoint, à ses ascendants et descendants » et il ajoute : « Ce droit n'appartient aux parents d'un degré plus éloigné *qu'autant qu'ils justifient d'un préjudice matériel* résultant pour eux de la condamnation ». La conséquence en est que dans toutes les autres hypothèses, le préjudice moral doit donner ouverture à une action en dommages-intérêts. Dès lors qu'on estime pouvoir l'évaluer, dans certains cas, il n'y a pas de raison pour qu'il n'en soit pas de même dans tous.

Une fois admis le principe du droit à une réparation effective pour le préjudice moral, il restait à déterminer la liste des personnes susceptibles de s'en prévaloir. Jusqu'à une date toute récente, la question se posait de sa-

---

(1) Dijon, 12 mai 1897, D 97, 2, 144.
(2) Trib. civ. de la Seine, 23 novembre 1904, *Gaz. Trib.* 1905, 1er sem., 2, 355; Valenciennes, 4 janvier 1906, *Gaz du Pal.* 06, 2, 52.

voir si elle comprenait seulement les parents, créan-ciers éventuels d'aliments du défunt, ou tous les parents unis à celui-ci par les liens du sang, ou même encore ses alliés et ses amis. Une partie de la jurisprudence (1) et certains auteurs soutenaient que la lésion d'un simple intérêt d'affection n'est pas nécessairement un dommage moral, et M. Lalou (2) proposait de distinguer entre les droits patrimoniaux et les droits extra-patrimoniaux auxquels correspondraient réciproquement le préjudice matériel et le préjudice moral. Pour qu'une personne puisse être atteinte, d'après lui, dans ses droits extra-patrimoniaux par le décès d'une autre personne, il faudrait qu'elle justifie d'un droit que la douleur causée par la mort de celle-ci aurait lésé, lequel droit ne pourrait exister en l'absence de tout lien de parenté ou d'alliance.

La Cour de cassation, après la Cour de Paris, s'est prononcée en sens contraire en décidant qu'il suffisait à défaut d'un lien de sang, que le préjudice moral fut basé sur un simple « *intérêt légitime d'affection* », pour servir de fondement à une demande de dommages-intérêts (3).

Bien qu'elle présente de nombreuses difficultés d'application pour les juges du fond, obligés d'apprécier les rapports d'affection entre le demandeur et la victime de l'accident, cette solution qui consacre le système le plus extensif est éminemment équitable et ne saurait qu'être approuvée.

Elle se rattache étroitement à toutes les tentatives faites

(1) Trib. com. Seine, 28 octobre 1919; Meaux, 29 janvier 1920; Paris, 10 mars 1920. D, 20, 2, 137, note *Lalou.*
(2) V. la note précitée.
(3) Req. 10 avril 1922 (sur Paris, 9 juin 1920), *Gaz. Pal.* du 23 juin 1922.

par la jurisprudence pour assurer la répression de tous les manquements à l'obligation de ne pas nuire à autrui, et pour faciliter aux victimes l'exercice de leur droit à réparation du préjudice causé. L'extension de l'idée de faute, la responsabilité contractuelle, l'usage abusif des droits sont les étapes de cette évolutoin par laquelle les tribunaux ce sont efforcés d'interpréter les textes du Code civil et de les appliquer en fonction de l'idée d'équité, telle qu'elle se modifiait avec le temps.

Chapitre III

LES PRÉSOMPTIONS DE FAUTE

I. *La responsabilité du fait d'autrui.* — Pour les parents, ins
tituteurs et artisans la présomption supporte la preuve
contraire ; extensions données au sens du mot instituteur; pour les maîtres et commettants, la présomption
est absolue ; ces derniers sont responsables même des
dommages simplement facilités par les fonctions qu'ils
ont confiés.

II. *La responsabilité du fait des animaux.* — Elle suppose
que le gardien a l'usage de l'animal ; la présomption est
absolue.

III. *La responsabilité des dommages causés par la ruine des
bâtiments.* — Défaut d'entretien et vices de construction ;
assimilation des immeubles par destination aux bâtiments ; application de l'art. 1386 aux meubles ; caractère
spécial de la présomption.

Après avoir posé dans les art. 1382 et 1383 les règles
de la responsabilité à raison des fautes personnelles, le
Code civil établit dans les art. 1384 à 1386 des présomptions de faute qui dispensent l'individu lésé de faire la

preuve de la faute de celui qui est responsable du dommage.

L'art. 1384 commence dans son alinéa 1er par décider qu'« on est responsable non seulement du dommage que l'on cause par son propre fait, mais encore de celui qui est causé par le fait des personnes dont on doit répondre ou *des choses que l'on a sous sa garde* ». Cette disposition avait pour but dans le projet primitif du Code civil, d'énoncer le principe des règles aujourd'hui contenues dans les art. 1384 et 1385, mais qui ne formaient alors qu'un seul et même article. Nous verrons dans le chapitre suivant, comment la jurisprudence a su tirer de cet alinéa 1er de l'art. 1384 la source d'une responsabilité que les rédacteurs du Code civil n'avaient même pas soupçonnée.

I

Après quoi, l'art. 1384 énonce les règles de la responsabilité du fait d'autrui. Cette responsabilité, purement civile, est de deux sortes, suivant qu'il s'agit de mineurs ou d'employés.

« Le père et la mère, après le décès du mari, sont responsables du dommage causé par leurs enfants mineurs habitant avec eux (1384, al. 2) ; les instituteurs et les artisans, du dommage causé par leurs élèves et apprentis pendant le temps qu'ils sont sous leur surveillance (art. 1384, al. 4). La responsabilité ci-dessus a lieu à moins que les père et mère, instituteurs et artisans, ne prouvent qu'ils n'ont pu empêcher le fait qui donne lieu à cette responsabilité (art. 1384, al. 5) ».

La raison de cette responsabilité se trouve dans ce fait que les mineurs, bien que personnellement responsables de leurs actes, dès qu'ils ont atteint l'âge de discernement, sont le plus souvent dépourvus de biens et dans l'impossibilité matérielle d'assurer la réparation des dommages qu'ils causent. En outre, ils ne se dirigent par eux-mêmes, mais vivent sous la garde d'autres personnes qui doivent les surveiller et qui, si elles les laissent commettre des actes illicites, sont appelées à les réparer, non parce que responsables aux lieu et place des mineurs, mais parce que personnellement tenues des conséquences du défaut de surveillance dont elles se sont rendues coupables.

Ces personnes sont en premier lieu le père, et, à son défaut, la mère, tous deux en cette qualité, à la condition que l'enfant habite chez eux (1) et qu'il n'ait pas été émancipé par mariage. Dès qu'il cesse d'habiter chez ses parents, cette responsabilité disparaît pour passer sur la tête des personnes qui en assument la garde d'une façon plus ou moins permanente, alors même qu'elles n'en assureraient ni la surveillance ni la direction (2).

Le Code civil a omis de soumettre le tuteur à des règles semblables à celles qui régissent le père et la mère, et la jurisprudence n'a jamais voulu lui appliquer les dispositions de l'art. 1384, al. 2, qu'elle considère comme exceptionnelles et, par conséquent, de droit strict (3).

Après les parents, le Code civil rend les instituteurs et les artisans responsables, indépendamment de toute faute

---

(1) Cass. 31 oct. 1921, *Gaz. Pal.* 22, 1, 37.
(2) Cass. 7 nov. 1921, *Gaz. Pal.* 22, 1, 21.
(3) V. l'opinion contraire dans *Aubry et Rau, op. cit.*, t. VI, § 447, p. 373, texte et note **11.**

personnelle, des dommages causés par leurs élèves ou apprentis, pendant le temps qu'ils sont sous leur surveillance. La responsabilité de l'Etat est substituée depuis la loi du 20 juillet 1899 à celle des instituteurs publics, tout en pouvant être mise en jeu devant la juridiction civile. Ceux-ci restent, néanmoins, tenus de leurs fautes personnelles, lorsqu'elles sont prouvées selon les règles établies par les art. 1382 et 1383 du Code civil (1) et l'Etat posséderait, en pareil cas, un recours pour se faire couvrir des indemnités qu'il aurait pu payer (2).

Les instituteurs privés demeurent, comme les artisans, pleinement soumis à la présomption de faute qui pèse sur eux.

Toutes ces présomptions supportent, en vertu de l'art. 1384, al. 5, la preuve contraire qui peut résulter d'une impossibilité matérielle ou morale (3) dans laquelle la personne qui assure la garde de l'enfant aurait été de l'empêcher d'accomplir des actes délictueux.

En présence de ces dispositions aussi strictement conçues, la jurisprudence ne pouvait que difficilement en étendre les applications. Elle y est parvenue, cependant, en rejetant toute distinction fondée sur l'âge des enfants confiés à la vigilance des instituteurs, en rendant ceux-ci responsables des actes commis même en dehors de leur présence, puis en élargissant le sens du mot instituteur. C'est ainsi qu'ont été déclarés responsables des agissements d'un mineur, le directeur d'un asile d'aliénés (4) ou d'une maison de correction (5), l'administrateur d'une

(1) Req. 19 mai 1909, S 11, 1, 449, note *Charmont*.
(2) Cass. 10 juin 1912, D 15, 1, 51.
(3) Req. 30 juin 1896, S 1900, 1, 518; 31 oct. 1921, S 22. Sommaires, p. 1.
(4) Agen, 16 mars 1872, S 73, 2, 113.
(5) Cass. 27 juin 1902, Pand. 03, 1, 520.

maison pour enfants arriérés, vicieux et moralement abandonnés, ou d'un établissement pénitentiaire privé (1), bien plus que le directeur d'un patronage (2), et même le gardien volontaire de l'enfant (3).

Cette jurisprudence n'a pas été sans soulever de violentes critiques lorsqu'elle s'est appliquée à des patronages ou à des colonies de vacances, dont le but est essentiellement charitable, et les ressources trop modestes pour supporter le risque des dommages causés par les enfants qui leur sont confiés et souvent même pour contracter une assurance qui leur permette de se prémunir contre les condamnations qu'elles peuvent encourir (4). D'où l'habitude de ces institutions de faire signer aux parents une décharge de responsabilité dont les tribunaux ne tiennent souvent aucun compte, lorsqu'elles se sont assurées (5).

La responsabilité des maîtres et des commettants vis-à-vis des tiers « du dommage causé par leurs domestiques et préposés dans les fonctions auxquelles ils les ont employés » (1384, al. 3) est d'un tout autre caractère que celle des parents, des instituteurs et des artisans (6). Pothier ne s'en occupait qu'à propos des domestiques, en la justifiant par leur état de dépendance et en faisant reposer la responsabilité du maître sur un mauvais choix ou un défaut de surveillance (7).

---

(1) Paris, 15 juin 1904, S 07, 2, 4; Grenoble, 20 déc. 1901, S 06, 2, 125.

(2) Req. 9 juillet 1907, D 07, 1, 479; 29 déc. 1919, S 22, 1, 33, note *Hugueney*; cf. *contra* : Bordeaux, 29 juillet 1910, D 12, 2, 385; Paris, 28 avril 1913, S 18-19, 2, 9 et la note; Grenoble, 10 octobre 1916, *Gaz. Trib.* 2 mai 1917.

(3) Cass. 27 juillet 1891, D 92, 1, 5.

(4) Req. 29 déc. 1919, précité.

(5) Cf. Req. 29 déc. 1919, précité.

(6) V. sur la différence entre la responsabilité des maîtres et des commettants et celle de l'inexécution d'une obligation conventionelle par le fait d'ue personne dont le débiteur répond : *Aubry et Rau, op. cit.,* t. VI, § 447, p. 379, *texte et note* 13 *bis*.

(7) Obligations, n° 121.

En réalité, le maître est réellement responsable pour autrui, alors même qu'il n'a commis aucune faute et l'alinéa 55 de l'art. 1384 ne réservant la preuve contraire qu'aux père et mère, instituteurs et artisans, il ne peut faire valoir aucune excuse. Cette responsabilité, qui se comprend pour les industriels et les commerçants, les *business-men*, pour lesquels les fautes de leurs ouvriers ou de leurs empoyés constituent un des aléas possibles de leur entreprise, semble singulièrement exagérée lorsqu'elle porte sur un simple particulier, sur le *paterfamilias* auquel il devrait être permis de faire la preuve qu'il n'a commis aucune faute.

Les maîtres et les commettants sont solidairement responsables, s'il y a lieu, et sans qu'ils puissent se dégager par aucune réserve conventionnelle d'irresponsabilité incluse dans le contrat qui les unit avec leurs domestiques ou leurs préposés (1), des dommages causés par ceux-ci, dès lors qu'ils font, même sans ordres ni instructions, dans les fonctions auxquelles ils sont employés et quand bien même ils échapperaient en fait à l'autorité du préposant, ou à sa direction (2), des actes juridiques ou des faits matériels qui portent préjudice à autrui.

La jurisprudence ne s'est pas contentée d'appliquer ces dispositions aux dommages causés par l'employé dans l'exercice de ses fonctions. Elle les a étendues à toutes les hypothèses dans lesquelles il en abuse et accomplit un acte simplement facilité par leur exercice.

C'est ainsi qu'elle a déclaré civilement responsable la Compagnie de chemins de fer dont le mécanicien avait

---

(1) V. *Aubry et Rau, op. cit.*, t. VI, § 447, p. 384, *texte et note* 15 sexies.
(2) V. Req. 29 déc. 1919, précité; cf. *contra* Req. 27 nov. 1911, S 15, 1, 113; Bordeaux, 28 juin 1920, S 21, 2, 1.

introduit du tabac de contrebande dans la caisse de son
tender (1), la Compagnie d'assurances sur la vie dont un
agent général avait détourné les fonds à lui versés par un
client, bien qu'il eût agi en dehors de son mandat, sa
qualité ayant été de nature à faire croire qu'il avait reçu
un mandat général pour les affaires qu'il traitait (2) ;
enfin, le propriétaire d'une automobile dont le mécanicien, après avoir reçu de son maître l'ordre de reconduire
sa voiture au garage, s'en était servi pour faire une promenade d'agrément au cours de laquelle l'accident était
arrivé (3).

Il reste, néanmoins, que maîtres et commettants ne
sont civilement responsables que des agissements de
leurs préposés, c'est-à-dire des personnes qui leur sont
unies par un rapport d'autorité et de subordination. Ils
cessent de l'être lorsqu'il s'agit d'un travailleur indépendant, qui peut refuser d'exécuter les ordres reçus pour
des motifs d'ordre professionnel ou technique et qui,
comme tel, assume la pleine responsabilité de ses actes (4), ou encore lorsque leurs préposés sont passés
momentanément sous la surveillance d'une autre personne qui joue à leur égard le rôle de commettant (5).
Les situations de fait que les juges du fond apprécient
souverainement sont, en général, très complexes. Il peut

(1) Crim. Cass. 22 mars 1907, S 07, 1, 473; cf. Req. 5 déc. 1921, S 22, *Bull.
d. Sommaires*, p 17.
(2) Req. 23 oct. 1905, S 07, 1, 188.
(3) Crim. Cass. 23 mars 1907, D 08, 1, 351; cf. Crim. Cass. 12 déc. 1903,
D 04, 1, 70; Req. 17 nov. 1919, D 20, 1, 156, Crim. Cass. 2 janvier 1919,
Bull. Crim., p. 1, et *Trib. corr. de la Seine*, 23 janvier 1922, D 22, 5, 4.
(4) V. cependant la note de M. *Hugueney* sous Req. 29 déc. 1919, précité :
« La jurisprudence française, suivant l'exemple de la jurisprudence an-
glaise sape actuellement les barrières qui, traditionnellement, séparaient
sur le terrain de la responsabilité du fait d'autrui, le « servant » et
l' « indépendant contractor ». »
(5) Cass. 27 nov. 1911, D 15, 1, 60; 8 mars 1922, *Gaz. Pal.* 22, 1, 65.

y avoir, en effet, accord entre le commettant d'habitude et le commettant d'occasion ; le préposé peut s'être soumis volontairement aux ordres du commettant d'occasion, et celui-ci avoir accepté de son propre gré sa collaboration. Quelquefois, enfin, les deux qualités de préposé du commettant d'habitude et du commettant d'occasion se cumulent et subsistent côte à côte. Dans tous les cas, la solution dérive de la formule employée par la Chambre des Requêtes : « La responsabilité se déplace et n'incombe qu'à celui des commettants dont le préposé exerçait la fonction lorsque s'est produit le dommage (1). »

II

La seconde des présomptions de faute établies par le Code civil est celle qui est prévue par l'art. 1385 : « Le propriétaire d'un animal, ou celui qui s'en sert, pendant qu'il est à son usage, est responsable du dommage que l'animal a causé, soit que l'animal fût sous sa garde, soit qu'il fût égaré ou échappé. »

Cette responsabilité repose sur l'idée de garde, les animaux domestiques étant, en général, sous la surveillance de la personne qui les utilise. Celle-ci est présumée par la loi avoir mal rempli son obligation. Mais, et c'est là ce qui en fait toute l'utilité, l'art. 1385 ne s'applique pas seulement pour le temps où l'animal est sous la garde de son possesseur. La responsabilité de celui-ci subsiste après que l'animal s'est égaré ou s'est échappé. On conçoit sans peine l'importance que présentaient ces dispositions à l'époque de la rédaction du Code civil, alors

(1, Req. 16 mars 1881, S 81, 1, 260.

que les machines n'existant pas, les animaux domestiques jouaient un rôle primordial dans l'activité humaine.

Cette responsabilité ne pèse pas forcément sur le propriétaire puisque ce n'est pas comme tel qu'il est tenu
des dommages causés par ses animaux. La loi ajoute :
« Celui qui se sert de l'animal », c'est-à-dire l'usufruitier,
le fermier, le colon partiaire, le commodataire, le locataire, l'acquéreur éventuel et même le voleur. Au contraire, le préposé du propriétaire, son cocher, par exemple, n'est pas responsable. C'est son patron qui l'est en
tant que maître ou commettant.

Le propriétaire de l'animal ou celui qui en fait usage
est responsable vis-à-vis de tous les tiers quels qu'ils
soient (1), même lorsqu'ils ont été indirectement lésés (2).
Ceux-ci ne peuvent jamais agir contre le propriétaire,
s'il a confié l'animal à celui qui doit en user, même si ce
dernier est insolvable. Le détenteur de l'animal n'a aucun recours en garantie contre le propriétaire, à moins
que le dommage soit dû à une faute personnelle de celui-
ci. Cette faute pourrait résulter de ce qu'il n'aurait pas
été averti des vices de l'animal (3).

L'art. 1385 s'applique à tous les animaux domestiques
ou qui vivent dans une état de propriété (4). Cette définition assez étroite a été étendue par la jurisprudence à
des animaux devenus immeubles par destination,

______

(1) A moins qu'il s'agisse d'un agent de police arrêtant un cheval em-
porté : *Trib. paix de Paris*, 26 sept. 1913, D 13, 2, 345; cf : Paris 15 nov.
1886, S 87, 2, 184 et *Aubry et Rau, op. cit.*, t. VI, § 448, p., 422, note 1 *ter*.
(2) Cass. 4 mars 1902, S 02, 1, 224.
(3) Cass. 3 déc. 1872, S 72, 1, 402, et 13 déc. 1893, S 94, 1, 176.
(4) V. pour le chien de garde qui mord en plein jour une personne
qui s'introduit dans une propriété avec l'assentiment des gens de service : Alger, 5 juin 1878, S 80, 2, 76.

et que l'homme ne dirige pas, tels que les abeilles qui abîment les fruits d'une propriété voisine (1), les pigeons des colombiers, les lapins des garennes (2). Au contraire, s'il s'agit d'animaux sauvages, lapins, sangliers, une jurisprudence constante n'admet la responsabilité du propriétaire du terrain sur lequel ils vivent, que dans les cas où sa faute est démontrée par la personne lésée (3).

Un second moyen qui s'offrait aux tribunaux d'étendre le champ d'application de l'art. 1385 et qu'ils n'ont pas utilisé sans hésitations, consistait à étendre la responsablité qui pèse sur le gardien qui se sert de l'animal, à celui qui, tout en étant tenu d'en assurer la surveillance, n'en a pas l'usage, tel l'hôtelier, l'aubergiste (4), le vétérinaire ou le maréchal-ferrant (5).

Le simple préposé, avons-nous dit, n'est pas, en règle générale, responsable des dommages causés par les animaux dont il a la garde. La jurisprudence lui applique cependant l'art 1385 lorsqu'il jouit, dans une certaine mesure d'initiative et de liberté, dans l'usage de l'animal. Il en est ainsi du commis voyageur à la disposition duquel la maison qu'il représente met une voiture pour ses déplacements (6).

Enfin, après avoir longtemps hésité en raison du contrat de louage de services intervenu entre le commettant et le préposé, et avoir exigé la preuve de la faute du pro-

(1) Paris, 29 mars 1879, S 79, 2, 269; Toulouse, 2 déc. 1904, S 05, 2, 286.
(2) Cass. 13 juillet 1903, S 03, 1, 464; 21 fév. 1905, D 05, 1, 431.
(3) Civ. Cass. 28 mai 1918, D 22, 1, 32.
(4) Poitiers, 7 déc. 1903, D 04, 2, 180 et la note; cf. en sens contraire Rennes, 19 mai 1907, S 07, 2, 168.
(5) La jurisprudence ne l'admet pas pour ces deux derniers : Cass. 3 déc. 1872, D 73, 1, 337; Paris, 26 oct. 1905, D 06, 5, 23.
(6) Req. 30 déc. 1907, D 09, 1, 284.

priétaire de l'animal (1), la jurisprudence s'est décidée à appliquer l'art. 1385 dans les rapports du propriétaire de l'animal avec son préposé, cocher ou charretier, par exemple, blessé par le cheval qu'il conduit, même s'il avait été prévenu du danger qu'il courait (2).

Quelle est la force de la présomption de faute qui pèse sur le propriétaire de l'animal ou sur celui qui s'en sert ? Les premiers interprètes du Code civil soutenaient qu'il lui était possible de la faire tomber en prouvant seulement qu'il n'avait commis aucune faute. Ils se fondaient sur les travaux préparatoires du Code civil et les explications de Bertrand de Greuille dans un rapport au Tribunal qui démontrent que les rédacteurs du Code n'envisageaient que l'hypothèse dans laquelle une faute était à reprocher au propriétaire, et qu'ils admettaient que la présomption devait disparaître devant la preuve de l'absence de faute. Ils invoquaient, en outre, un second argument de principe, à savoir que toutes les présomptions comportent, sauf exceptions, la preuve contraire, puisqu'elles n'ont pour but que de renverser le fardeau de la preuve (3).

La majorité des auteurs (4), suivis par la jurisprudence, combattit cette façon de voir. Pour eux, la présomption de faute de l'art. 1385 du Code civil serait irréfragable. Aussi bien, comment concevoir la preuve contraire ? Le propriétaire est présumé avoir mal choisi son animal ou l'avoir mal surveillé, Dans presque tous les cas, le dommage est dû à l'une ou à l'autre de ces deux causes.

(1) Grenoble, 11 mai 1898, D 99, 2, 235.
(2) Cass. 11 mars 1902, D 02, 1, 216; 29 mai 1902, D 03, 1, 614; 2 juillet 1902, D 02, 1, 431; 18 nov. 1904, S 06, 1, 488.
(3) Dans ce sens : Laurent, Huc, etc.
(4) V. Labbé; Aubry et Rau, *op. cit.*, t. VI, § 448, p. 430, texte et note 10.

Le détenteur de l'animal doit donc prouver, pour dégager sa responsabilité, la faute de la victime, le cas fortuit ou la force majeure (1). Il ne peut s'exonérer conventionnellement de sa responsabilité vis-à-vis des tiers, mais il le pourrait vis-à-vis de ses préposés (2).

III

Après avoir fixé dans les art. 1384 et 1385 la responsabilité du fait d'autrui ou des animaux, le Code civil décide dans l'art. 1386 que le « propriétaire d'un bâtiment est responsable du dommage causé par sa ruine, lorsqu'elle est arrivée par une suite du défaut d'entretien ou par le vice de sa construction ».

Ce texte a son origine dans la *cautio damni infecti* que le préteur imposait au propriétaire d'un bâtiment qui menaçait ruine, pour l'obliger à le réparer ou à le démolir. Notre ancien droit avait conservé cette disposition et il autorisait les voisins d'un bâtiment à exiger de son propriétaire qu'il le réparât, et faute par lui de s'exécuter, à y procéder eux-mêmes, à ses frais (3). Notre Code civil n'a gardé aucune trace de cette obligation et il ne vise dans l'art. 1386, que la réparation du dommage causé.

La portée de ce texte est restreinte puisqu'il ne concerne que les bâtiments, maisons ou autres constructions, érigées même temporairement, mais impliquant un « assemblage réfléchi de matériaux » (4). Il ne prévoit

---

(1) Cass. 5 fév. 1906, D 06, 1, 96; cf. Cass. 29 mai et 2 juillet 1902, précités.

(2) Cass. 30 déc. 1907, S 09, 1, 377. *note Charmont.*

(3) Domat : *Loix civiles.* liv. II, tit. VIII, sect. 3.

(4) Aubry et Rau, *op. cit.*, t. VI, § 448, p. 433, *texte et notes* 14 *decies et s.*

en outre que la ruine du bâtiment, restant inapplicable, en cas d'incendie provenant d'un vice de construction au recours des voisins. Ceux-ci doivent toujours prouver la faute du propriétaire de la maison dans laquelle le feu a commencé. La loi du 7 novembre 1922 a formellement consacré ce principe que la jurisprudence avait méconnu en appliquant au recours des voisins les règles de la responsabilité du fait des choses dont elle a cru trouver le principe dans l'art. 1384, al. 1er (1).

L'art. 1386, sans obliger les victimes de la ruine d'un bâtiment à démontrer la faute de son propriétaire, ne fait pas peser sur celui-ci une présomption de faute analogue à celles des art. 1384 et 1385 du Code civil : il faut et il suffit de faire la preuve du défaut d'entretien ou du vice propre de la construction, et du rapport de cause à effet de l'un de ces deux faits avec le préjudice, pour que le propriétaire soit, ipso facto, condamné (2). C'est pour lui un risque redoutable, auquel l'assurance permet heureusement de pallier. Quant aux familles des victimes, elles ne peuvent prétendre à des dommages-intérêts qu'en vertu de l'art. 1382, c'est-à-dire qu'elles doivent faire la preuve de la faute du propriétaire (3).

Bien que le texte de l'art. 1386 semble répugner à toute extension, certains auteurs ont prétendu qu'il visait seulement un cas d'application d'un principe général (4), et ils ont été suivis dans cette voie par la jurisprudence. C'est ainsi que les tribunaux l'ont appliqué dans le cas

(1) Cass. 13 juillet 1903, D 03, 1, 507 et les renvois; Poitiers, 16 mai 1922, Gaz. Pal. du 16 août. Sur l'application de l'art. 1384, al. 1er; cf. le Chapitre suivant.
(2) Cass. 26 juillet 1909, S 09, 1, 446.
(3) Cass. 12 juin 1901, D 02, 1, 372.
(4) Dans ce sens : Demolombe, Larombière, Huc, Labbé.

ou un arbre causait par sa chute un accident, en le considérant comme immeuble, et la moisissure de son tronc comme un vice de construction (1).

De même, pour l'accident causé par le volant d'une machine à vapeur incorporé à un bâtiment, c'est-à-dire immeuble par destination (2) ou pour le mauvais fonctionnement d'un ascenseur dû à un vice de construction (3).

Puis, les tribunaux, sans plus se préoccuper du caractère immobilier de la chose qui causait le dommage et en n'obligeant plus la victime à prouver le défaut d'entretien, ont appliqué l'art. 1386, en cas de chute d'une armoire à glace dans un appartement (4) ou d'une pierre dans une carrière (5) ou même encore dans l'hypothèse où une pierre se détachait d'une maison, en accordant alors au propriétaire un recours contre l'architecte et contre l'entrepreneur (6).

M. Planiol critique vivement cette dernière décision, qui montre, dit-il, « par les recours qu'elle admet, que la personne vraiment responsable n'est pas le propriétaire : pourquoi ne pas chercher la responsabilité là où elle est, c'est-à-dire dans la malfaçon qui a été commise, puisqu'on suppose que l'accident n'est pas dû à un défaut d'entretien qui serait une faute du propriétaire ? L'existence de ces recours, déplaçant la responsabilité aussitôt

---

(1) Paris, 20 août 1877, S 78, 2, 48; Grenoble, 10 fév. 1892, S 92, 2, 205; cf. Paris, 10 déc. 1921, *Gaz. Pal.*, 30 décembre 1921.
(2) Cass. 19 avril 1887, D 88, 1, 27; cf. cependant Req. 3 juin 1904, S 05, 189.
(3) Req. 29 mars 1897, S 98, 1, 65, *Esmein* (Hypothèse curieuse du vice de construction postérieur à la construction elle-même.)
(4) Paris, 4 mars 1907, S 07, 1, 224.
(5) Marseille, 8 juillet 1899.
(6) Cass. 30 juin 1902, D 07, 1, 436.

qu'elle est établie, est la condamnation évidente du système (1) ».

Nous croyons cette critique exagérée et que ce serait
trop demander à la victime que de l'obliger à prouver la
malfaçon et à s'adresser à son auteur. Aussi bien, depuis
1904, la jurisprudence ne se sert plus qu'exceptionnellement de l'art. 1386. Au lieu de chercher à en étendre les
règles trop étroites, elle a trouvé plus simple de créer
une nouvelle présomption de faute, fondée sur l'alinéa 1er
de l'art. 1384, laquelle semble, nous le verrons plus loin,
devoir être seule utilisée dans tous les cas de responsabilité du fait des choses.

____

(1) Planiol, *op. cit.*, t. II, n° 926.

CHAPITRE IV

LES PRESOMPTIONS DE FAUTE (suite)

LA RESPONSABILITÉ DU FAIT DES CHOSES

I. *Origine récente de la responsabilité du fait des choses.* —
Son premier objet : la réparation des accidents du travail ; généralisation de son application dans tous les cas
de dommages causés par des choses quelconques.

II. *Nature de la responsabilité du fait des choses.* — Le
devoir de garde ; nécessité de l'analyser pour circons-
crire l'application de l'art. 1384 al. 1er ; la jurisprudence
ne fait aucune distinction suivant que les choses doivent
être gardées ou non.

III. *Extension de l'art. 1384 al 1er.* — 1°) Aux dommages
causés par les choses mues ou dirigées par la main de
l'homme ; 2°) aux risques de voisinage en cas d'incendie
communiqué par un immeuble.

IV. *Nature de la présomption de faute de l'art. 1384 al. 1er.* —
Elle est absolue ; introduction de l'idée de risque dans la
responsabilité du fait des choses.

I

L'alinéa 1er de l'art. 1384 du Code civil est le dernier texte dont la doctrine et la jurisprudence se soient servies pour étendre les cas de la responsabilité civile, et dont elles sont parvenues à tirer une présomption absolue de faute à la charge du gardien d'une chose inanimée.

Ce texte dispose que l' « on est responsable, non seulement du dommage que l'on cause par son propre fait, mais encore de celui qui est causé par le fait des personnes dont on doit répondre, *ou des choses que l'on a sous sa garde* ». Cette disposition n'avait pour but dans l'intention des rédacteurs du Code civil que d'annoncer les règles contenues dans les art. 1384 à 1386. Le code Napoléon, suivait en cela l'exemple de notre ancien droit, lequel ignora toujours la responsabilité générale du fait des choses inanimées. On sait que les auteurs modernes, désireux de faciliter la réparation des dommages causés par les choses, soutinrent tout d'abord que les dispositions de l'art. 1386 n'étaient pas limitatives, que loin de viser les bâtiments seuls, elles ne les citaient qu'à titre d'exemple, et qu'elles devaient être appliquées à toutes les choses. Cette interprétation extensive, en désaccord avec l'esprit et la lettre de l'art. 1386 ne prévalut pas, et c'est vers l'alinéa 1er de l'art. 1384 que se tournèrent les jurisconsultes, dont Demolombesemble avoir été le premier, qui ait entrevu le principe d'une responsabilité générale du fait des choses lorsqu'il écrivait : « Chacun est responsable des défauts inhérents à sa chose (1). »

(1) Demolombe : T. 31, numéros 638 et 656.

Cette théorie prit toute son importance lorsque la jurisprudence française eut définitivement rejeté le système de la responsabilité contractuelle en matière d'accidents du travail. Afin d'en assurer la réparation, et alors que la loi du 9 avril 1898 n'était pas encore votée, les tribunaux se servirent de l'alinéa 1er de l'art. 1384. Ils firent peser la présomption de faute qu'ils voyaient dans ce texte sur le patron dont l'ouvrier avait été blessé par l'instrument de son travail, outil ou machine. La Cour de cassation les suivit dans cette voie en 1896 (1).

Il eût semblé logique qu'après le vote de la loi du 9 avril 1898, la cause de cette extension de l'art. 1384, al. 1er ayant disparu, on eût cessé de faire usage de ce ports. Il n'en fut rien. Devenu sans utilité dans les rapports entre employeurs et salariés soumis à la législation des accidents du travail, il fût appliqué par la jurisprudence, après de brèves hésitations (2), à la multitude des accidents causés par toutes les choses inanimées, qu'il s'agît par exemple d'un consommateur atteint à la terrasse d'un café par les éclats d'un syphon (3) ou d'un visiteur blessé dans un établissement de spectacles en tombant sur un pont mobile (4).

Certains auteurs ont voulu trouver, dans cette jurisprudence, une application de la théorie du risque créé (5), mais la Cour suprême, comme la doctrine, sont restées réfractaires à cette idée et elles ont persisté à voir dans l'art. 1384, al. 1er, une présomption de faute analogue à

---

(1) Cass. 16 juin 1896, 397, 1, 433, note *Saleilles*; S 97, 1, 17, note *Esmein*.
(2) V. Req. 30 mars 1897, D 97, 1, 440 et 3 juin 1904, D 07, 1, 177.
(3) Req. 19 janv. 1914, D 14, 1, 303.
(4) Req 9 juillet 1919, *Gaz. Pal.* 19, 2, 72; cf. Req. 21 janv. 1919, *Gaz. Pal.* 19, 1, 662.
(5) V. Josserand : *De la responsabilité du fait des choses inanimées* (1897) et *notes au Dalloz*, de 1900 à 1909.

celle de l'art. 1385 (1). Nous verrons, en terminant, comment et dans quelle mesure la Cour de cassation s'est cependant écartée de cette conception.

II

La responsabilité du fait des choses inanimées telle qu'on la fait découler de l'alinéa 1er de l'art. 1384 pèse sur le gardien de la chose, alors même qu'il n'en a pas l'usage. Il est présumé n'avoir pas gardé la chose comme il le devait c'est-à-dire avoir commis la faute de ne pas prendre les mesures nécessaires pour l'empêcher de nuire à autrui. Sa responsabilité disparaît lorsque la chose cesse d'être sous sa garde pour passer sous la surveillance d'un autre gardien, à moins que celui-ci ne soit son préposé, auquel cas, il deviendrait responsable en sa qualité de commettant (2).

Dès lors que la responsabilité dérive du devoir de garde, on devrait commencer par analyser celui-ci pour en dégager la nature exacte, et pour déterminer les cas dans lesquels il existe et ceux, au contraire, où il ne saurait peser sur le détenteur de la chose. M. Ripert a insisté, fort à propos, sur la nécessité de cette distinction. « Ce qui importe, dit-il, ce n'est pas le fait matériel de la détention, c'est l'obligation particulière de garder la chose (3). » En effet, s'il est indiscutable que l'on doive prendre toutes sortes de précautions pour des choses ou des matières premières dangereuses, capables

(1) V. Planiol, *op. cit.*, t. II, numéros 927 et s., notes sous Cass., 8 mai 1906, D. 06, 1, 457 et sous Req., 25 mars 1908, D. 09, 1, 73.
(2) Cass., 8 mai 1906, précité.
(3) Note au D. 1922, 1, 25.

de s'enflammer ou d'exploser spontanément, susceptibles, indépendamment de toute participation humaine de provoquer un accident, il ne doit pas en être de même de toutes les choses, même les plus inoffensives.

C'est en vain que pour échapper aux conséquences de cette distinction, l'on voudrait assimiler le fait de la chose *inanimée* au fait de l'animal. Celui-ci doué d'une activité propre, peut causer un dommage lorsqu'il échappe à la surveillance de son maître. La chose *inanimée*, ainsi que ce qualificatif l'indique, est incapable d'agir et lorsqu'elle communique l'incendie, fait explosion, blesse ou tue, tout en se comportant en apparence comme un animal furieux, elle diffère essentiellement puisqu'il lui manque *la vie*.

Sauf de rares exceptions, telles qu'en présentent les poudres ou d'autres matières susceptibles de déflagration ou de combustion spontanées, une chose n'agit que parce qu'elle est mue par la force humaine; et si elle parait causer un dommage, elle n'en est, en réalité, que l'instrument ; c'est la faute de son gardien qui en est la cause, faute qui consiste à n'avoir pas pris les précautions suffisantes et, s'il était impossible de les réaliser, à s'être servi de la chose. Lorsqu'on parle de responsabilité du fait des choses, cela n'a d'autre but que de déclarer responsable celui qui « sans avoir créé le danger, se sert de la chose dangereuse, parce que la faute consiste à s'en servir (1) ». Le fait de la chose permet de découvrir plus facilement le fait de l'homme, qui seul engage la responsabilité, ce qu'il ne saurait faire lorsque la chose étant de

____

(1) Ripert, *Loc. cit.*

celles que l'on ne peut surveiller, il n'existe aucun devoir de garde.

La jurisprudence a, cependant, refusé de distinguer entre les choses suivant qu'elles peuvent impliquer ou non l'existence du devoir de garde. Elle n'attache la responsabilité qu'au fait matériel et déclare responsables le propriétaire du café à la terrasse duquel un syphon blesse un consommateur (1), le locataire d'un immeuble dans lequel s'était produit une explosion de gaz (2) sous le prétexte qu'ils devaient garder le syphon ou la canalisation, bien qu'on ne conçoive, dans l'un et l'autre cas, de quelle garde ces objets fussent susceptibles.

Tout récemment, la Cour de cassation a fait application de l'art. 1384, al. 1er, aussi bien aux dégâts causés par l'explosion d'une locomotive (3), ou de grenades dans la cour d'une usine (4), c'est-à-dire de choses dangereuses et toujours susceptibles de provoquer des accidents ; qu'à l'incendie communiqué par la combustion de fûts de brai (5), en affirmant dans cette dernière espèce « qu'il n'est pas nécessaire que la chose ait un vice inhérent à sa nature, susceptible de causer le dommage, l'article (1384) rattachant la responsabilité à la garde de la chose et non à la chose elle-même ».

La Cour de cassation belge se place à un point de vue différent. Elle refuse d'admettre que l'al. 1er de l'art. 1384 établisse une responsabilité personnelle résultant du défaut de garde et elle veut voir dans ce texte la source

___

(1) Req., 19 janvier 1914, déj. cit.
(2) Lyon, 23 juillet 1908, D. 09, 2, 215.
(3) Cass., 21 déc. 1919, D. 22, 1, 25, note *Ripert*.
(4) Req. 28 juin 1920, *cod. loc.*
(5) Cass. 16 nov. 1920, D. 20, 1, 69, note *Savatier*, S. 22, 1, 97, note *Hugueney* et sur renvoi : Agen, 18 mai 1921, S. 22. 43 cf. Cass., 15 mai 1921, D. 22, 1, 25, note *Ripert* précitée.

d'une responsabilité réelle qui permet, qu'il s'agisse de meubles ou d'immeubles, de faire le procès de la chose à raison de ses mauvaises actions (1).

III

Après que la jurisprudence eût longtemps hésité à étendre l'art. 1384, al. 1ᵉʳ, aux dommages causés par une chose inanimée lorsqu'elle était mue par la main de l'homme (2), parce que, dans ce cas, le fait de l'homme domine le fait de la chose, un revirement semble se dessiner (3), dont la conséquence logique sera de ne plus soumettre la victime d'un accident à une situation plus difficile lorsqu'elle est blessée par une chose inanimée, mue ou dirigé par l'homme, que lorsque celui-ci n'est pas intervenu.

En ce qui concerne les immeubles, l'impossibilité de leur appliquer l'art. 1384, al. 1ᵉʳ, n'aurait jamais dû faire de doute. Elle ressort de l'histoire de ce texte, de sa rédaction, qui démontrent que le législateur n'a jamais songé à faire peser sur le propriétaire d'un maison une autre responsabilité que celle de l'art. 1386. En décider autrement, aboutirait à supprimer la raison d'être de ce dernier et à ressusciter la vieille présomption légale, que le Code a voulu écarter, sinon dans les rapports entre propriétaires et locataires, régis par l'art. 1733, du moins dans les rapports entre voisins : *incendia plerumque fiunt culpa inhabitantium.*

---

(1) Cass. belge, 26 mai 1904, S. 05, 4, 30.
(2) Req., 22 mars 1911, D. 11, 1, 354 ; Orléans, 25 fév. 1909. D. 11, 2, 307 ; Bordeaux, 26 oct. et 23 mars 1910, D. 12, 2, 255; Grenoble, 15 nov. 1921. *Gaz. Pal.* 22, 1, 499, Cf. Ripert, *Revue Critique*, 1911, 12 et 13.
(3) Paris, 7 avril 1922, *Gaz. Pal.* du 6 juillet.

En sens contraire, on invoquait outre la généralité des termes de l'art. 1384, le fait que la Cour de cassation le reconnaissant applicable aux immeubles par destination (1), il doit en être de même des immeubles par nature. Aussi bien, ajoutait-on, tout immeuble contient le plus souvent des meubles ; ceux-ci comme celui-là contribuent, chacun pour leur part, à provoquer et à entretenir l'incendie et il serait vain d'exonérer le gardien de l'immeuble de la présomption établie par l'art. 1384, al. 1ᵉʳ, pour la faire peser sur lui en sa qualité de gardien des meubles.

La Cour de cassation n'a pas eu, jusqu'ici, l'occasion d'appliquer, comme elle l'a fait pour les choses mobilières l'article 1384, al. 1ᵉʳ, aux risques de voisinage en cas d'incendie communiqué par un immeuble (2). Mais il semble que, sous l'influence de l'arrêt de la Chambre civile du 16 novembre 1920, certaines cours et tribunaux aient cherché à faire prévaloir la solution contraire (3). Cette jurisprudence aurait été sans doute ratifiée par la Cour suprême si pour faire cesser toute divergence d'opinions et calmer les appréhensions causées dans le monde des assureurs (4) par l'application de l'art. 1384 aux risques de voisinage en cas d'incendie communiqué tant par un meuble que par un immeuble, la loi du 7 novembre 1922 n'avait décidé qu'il serait

(1) Req. 3 juin 1904, S. 05, 1, 189.
(2) Cass. 13 juillet 1903, D. 03, 1, 506 ; 18 mai 1909. D. 09, 1, 461 ; Bordeaux, 22 juin 1920, S. 21, 2, 27. Poitiers, 16 mai 1922. *Gaz. Trib.*, du 16 août.
(3) Bordeaux, 15 juillet 1918 et Toulouse, 8 juin 1921. D. 22, 2, 21 ; Trib. Civ. Seine, 10 fév. 1922. *Gaz. Trib.* du 5 juin ; Le Havre, 1ᵉʳ avril 1922. *Gaz. Trib.*, 9 juillet.
(4) V. Dufourmantelle : *Les principes de réforme en matière d'incendie et les réformes législatives proposées aux articles* 1384 *et* 1386. *Journal des Assur.*, 1922, p. 99 et s.

ajouté à l'art. 1384, l'alinéa suivant : « Toutefois, celui qui détient, à un titre quelconque, tout ou partie de l'immeuble ou des biens mobiliers dans lesquels un incendie a pris naissance ne sera responsable, vis-à-vis des tiers, des dommages causés par cet incendie, que s'il est prouvé qu'il doit être attribué à sa faute ou à la faute des personnes dont il est responsable. Cette disposition ne s'applique pas aux rapports entre propriétaires et locataires qui demeurent régis par les art. 1733 et 1734 du Code civil. »

L'art. 1384, al. 1er, cesse désormais de pouvoir être appliqué même à l'incendie qui aura pris naissance dans une chose mobilière.

Les immeubles construits ne sont pas les seuls qui puissent causer des dommages ; il y a aussi des immeubles naturels, des arbres, auxquels la jurisprudence a fait souvent application de l'art. 1386. Mais lorsqu'on ne peut relever à l'origine du dommage, ni vice de construction, ni défaut d'entretien, le propriétaire n'est responsable que si sa faute est prouvée. De là, l'idée de l'assujettir également à la présomption de faute de l'art. 1384, al. 1er, et de faire rentrer les arbres dans la catégorie des choses visées par ce texte. Telle est la solution adoptée par la Cour de Limoges (1), appuyée, il est vrai, d'autres considérants, pour le dommage causé par des arbres dont les feuilles, en tombant, sous la poussée du vent, sur les toitures des maisons voisines, en avaient obstrué les gouttières et les tuyaux de descente.

---

(1) Limoges, 20 juin 1921, D. 22, 2, 49, note *Lalou.*

IV

Le gardien de la chose mobilière ou immobilière est présumé en faute lorsqu'elle cause un dommage. La doctrine (1) et la jurisprudence ont admis pendant longtemps que cette présomption souffrait la preuve contraire et que le gardien pouvait s'exonérer de toute responsabilité en prouvant l'absence de faute de sa part (2), c'est-à-dire le cas fortuit (dans lequel les tribunaux comprenaient la cause inconnue du dommage), la force majeure ou toute autre cause étrangère (3) telle que la faute de la victime (4) ou d'un tiers.

Depuis quelques années, la Cour de cassation a aggravé singulièrement la force de cette présomption, ainsi qu'elle l'avait fait pour l'art. 1385 du Code civil. Elle ne souffre plus que le gardien s'exonère en prouvant que la cause du dommage est restée inconnue et elle a déclaré responsable l'exploitant d'une locomotive, le fabricant de grenades, le gardien de fûts de brai, dont la locomotive et les grenades avaient explosé, dont les fûts de brai avaient communiqué le feu à des installations voisines, bien que la cause de l'explosion ou de l'incendie fut demeurée inconnue. C'est que, dit-elle, « la présomption établie par le § 1er de l'art. 1384 du C. civ., à l'encontre de celui qui a sous sa garde la chose inanimée qui a causé le dommage, ne peut être détruite que par la preuve

---

(1) Cf. Aubry et Rau, *op. cit.* t. VI, § 446, note 10, p. 374 et § 447, note 18 *bis*, p. 438.

(2) Req. 29 avril 1913. D. 13, 1, 427 ; Cass. 19 mars 1912. D. 12, 1, 325.

(3) Req. 25 mars 1908. S. 10, 1, 17, note *Esmein*. D. 09, 1, 73, note *Planiol*.

(4) Req. 22 janv. 1908. D. 08, 1, 217, note *Josserand*. ,

d'un cas fortuit ou de force majeure ou d'une cause étrangère qui ne lui soit pas imputable ; qu'il ne suffit pas de prouver qu'il n'a commis aucune faute, ni que la cause du dommage est restée inconnue (1) ».

On conçoit sans peine les dangers d'une telle aggravation de la présomption de faute. Nous en avons déjà signalé un au passage : c'est le bouleversement des conditions de l'assurance-incendie. Les assureurs qui prennent à leur charge le recours des tiers ne perçoivent des primes modiques que parce qu'ils savent que, ceux-ci devant faire la preuve de la faute du gardien de l'immeuble, leur action présente peu de chances de succès. Avec l'art. 1384, al. 1er, il en serait tout autrement, puisque le recours serait justifié par la seule preuve du fait matériel de la communication de l'incendie. Dès lors, les assureurs ne pourraient établir des barêmes, car il est impossible de prévoir avec quelque certitude l'étendue d'un préjudice que l'on peut causer à autrui du seul fait d'un voisinage fortuit. Aussi, ont-ils essayé de réagir contre cette jurisprudence en alléguant que l'art. 1384, al. 1er, ne pouvait s'appliquer aux immeubles (2). La loi du 7 novembre 1922 est venue leur donner satisfaction complète en obligeant les tiers pour les incendies qui prendraient naissance dans un immeuble et même dans des biens mobiliers à faire la preuve de la faute du propriétaire ou des personnes dont il est responsable.

Mais lorsque le dommage causé par la chose ne provient pas d'un incendie, la présomption de faute de

---

(1) Cass. 21 déc. 1919, précité. Cf. Cass. 16 nov. 1920, Req. 28 juin 1920 et Cass. 15 mai 1921 précités.
(2) Bordeaux, 15 juillet 1918, D. 22, 2, 21.

l'art. 1384, al. 1ᵉʳ, continue à s'appliquer comme par le passé.

Les applications que la jurisprudence en a faites, la façon dont elle l'a aggravée, aboutissent à introduire l'idée de risque dans la responsabilité du fait des choses. En refusant de distinguer entre celles-ci, suivant que nocives ou inoffensives par nature, elles comportent l'obligation de garde, les tribunaux éliminent le fondement moral de la responsabilité. Et si l'art. 1384 ne la fait pas porter sur la personne qui a le profit de la chose, mais sur celle qui en a la garde, et qui, dépositaire gratuit ou employé, n'en tire sans doute aucun avantage, en fait la jurisprudence choisit presque toujours entre les gardiens celui qui utilise la chose dans son intérêt. La responsabilité ne dérive plus seulement de la garde, mais aussi du profit. A la présomption de faute s'ajoute l'idée de risque créé.

Ces exagérations doivent être corrigées par le retour à la conception ancienne de la présomption de faute et par l'analyse du devoir de garde, qui conduit à cette idée que l'on ne peut être obligé de surveiller que les choses dangereuses par leur nature ou leur aménagement, et que, dans ce cas seulement, le gardien, présumé en faute du fait de la réalisation du dommage, peut être déclaré responsable pour avoir manqué à son devoir particulier de surveillance.

Si l'on jette un regard en arrière sur l'œuvre de la jurisprudence, on constate que, pour les tribunaux, les textes comptent peu et que les nécessités de chaque jour leur en imposent des déformations répétées. C'est que la pratique les met sans cesse en présence de nouveaux cas concrets auxquels le législateur n'avait jamais songé et pour lesquels il est indispensable de trouver une solution. Cependant, les rédacteurs du Code civil se sont inspirés de l'équité et on peut dire que, pour les art. 1382 et suivants, leur conception de l'équité n'était pas seulement le produit de leurs propres idées morales, philosophiques et juridiques, mais aussi de tout ce que les jurisconsultes avaient estimé, depuis l'époqe romaine, être juste et salutaire.

Comment expliquer que ce qui parut encore équitable il y a 120 ans ait cessé de l'être ? Cela tient uniquement aux profonds changements subis depuis lors par notre organisation sociale et par les conditions de l'existence. Le rôle des tribunaux a été de maintenir le droit au niveau de l'équité en l'adaptant au nouvel état de choses. On sait quels inconvénients présentait la théorie de la faute. La Cour de cassation, gardienne vigilante des traditions, ne voulant pas l'abandonner pour celle du risque, a essayé de l'améliorer, au besoin en en faisant craquer le cadre. Elle est parvenue à la rendre plus souple et plus maniable, à assurer d'une façon équitable la réparation de tous les dommages. Peut-être même a-t-elle dépassé les bornes, mais il n'est rien de définitif et l'avenir lui reste pour redonner à la responsabilités du fait des choses son véritable caractère.

DEUXIÈME PARTIE

LA RESPONSABILITÉ EN DROIT PUBLIC

Chapitre I

Origine et évolution de la Responsabilité en droit public

I. *La responsabilité des fonctionnaires.* — L'ancien régime ,
l'art. 75 de la constitution de l'an VIII et l'autorisation
préalable ; le décret du 19 septembre 1870 ; l'arrêt Pelletier.

II. *La responsabilité de l'Etat.* — Irresponsabilité de l'Etat
sans l'ancien régime ; la doctrine civiliste ; le Tribunal
des Conflits et le Conseil d'Etat posent les règles de la
responsabilité de l'Etat ; l'arrêt Blanco ; restrictions
apportées à la responsabilité de l'Etat sans l'influence de
Laferrière ; la doctrine de MM. Berthélémy et Michoud ;
généralisation définitive de la responsabilité de l'Etat ;.

III. *La responsabilité des départements, des communes et des établissements publics.* — Les règles du Code Civil et la compétence des tribunaux judiciaires sont appliqués sans discussion jusqu'à la fin du dix-neuvième siècle ; la compétence des tribunaux administratifs finit par prévaloir : les arrêts Feutry et ville de Marseille.

IV. *Le mouvement législatif en faveur de l'extension de la responsabilité de la puissance publique.* — Les lois sur la réparation des erreurs judiciaires, la responsabilité des communes en cas d'émeute ; la réparation des dommages de guerre.

V. *Les actes de souveraineté.* — Ils subsistent en petit nombre ; actes législatifs et parlementaires, actes de l'autorité judiciaire, actes de gouvernement.

Les dommages que les particuliers sont exposés à subir par le fait du mauvais fonctionnement des services sont multiples. « Ce peut être l'erreur d'un tribunal criminel qui condamne à tort, ou d'un tribunal civil qui juge à faux ; ce peut être l'erreur d'un préfet ou d'un maire, imposant, par un règlement ou par un arrêté illégal des actes dommageables ; en dehors de toute erreur, ce peut être le fait de l'administration qui prend le bien d'un particulier pour l'incorporer à la voie publique, ou qui le détériore pour l'installation d'apareils télégraphiques, ou qui en réduit la valeur par l'établissement d'une servitude nécessaire à la défense militaire ; ce peut être l'accident ordinaire, mort ou blessures, occasionné par une imprudence dans le fonctionnement d'un service ou dans l'exécution d'un travail public (1). »

L'équité commande que ces dommages soient réparés.

---

(1) Berthélemy, *Traité élém. de droit administratif*, 9ᵉ éd., p. 86.

Mais dans quelles conditions et par qui ? Le fonctionnaire, auteur direct de l'acte incriminé, ou l'administration qui l'a sous ses ordres ? La solution diffère suivant les époques et les circonstances.

I

L'ancien régime ignorait le respect par la souveraineté des droits individuels. « L'Etat, c'est le Roi », disait-on, et le Roi « délégué sacré et spécial de Dieu lui-même » ne pouvait mal faire (1). Sa responsabilité n'existait pas.

Ses agents, au contraire, pouvaient être librement poursuivis devant les tribunaux de droit commun. Quelque difficile et incertaine que fût la procédure (2), il y avait là pour les administrés une sauvegarde que les Parlements, par la réaction qu'ils provoquèrent contre leurs empiètements, devaient faire disparaître. Si leur juridiction n'était pas générale, puisque certaines administrations avaient des tribunaux spéciaux, tels que la Cour des aides ou la Chambre des comptes, dont leurs fonctionnaires étaient justifiables, elle portait sur les Intendants généraux de police, justice et finances, « la cheville ouvrière de l'administration provinciale (3 ». Pour diminuer l'influence du Parlement, la monarchie s'efforça de soustraire les intendants à leur juridiction et elle utilisa, dans ce but, la procédure de l'évocation devant le conseil du roi dont ils étaient ordinairement déta-

(1) Les Anglais expriment la même idée par cette formule classique : « The king can do no wrong ».
(2) Cf. Taine : *Les Origines de la France contemporaine : l'Ancien Régime*.
(3) Esmein : *Cours élém. d'Histoire du Droit français*, 13e édit., p. 65S.

chés et qui jouissait à leur égard des plus larges pouvoirs.

Cette procédure, justifiée dans la mesure où elle servait à donner aux agents de l'administration des juges dignes d'eux et susceptibles, grâce à leurs connaissances et leur formation administratives, d'apprécier leur conduite, prit une extension démesurée pendant les deux derniers siècles de la Monarchie. Elle servit à assurer l'impunité aux actes illégaux commandés par la raison d'Etat, et surtout à enlever aux Parlements toutes les actions dirigées contre les fonctionnaires publics. « Ces sortes d'évocation n'arrivaient pas seulement de loin en loin, mais tous les jours ; non seulement à propos des principaux agents, mais des moindres. Il suffisait d'appartenir à l'administration par le plus léger fil pour n'avoir rien à craindre d'elle (1). »

Les Révolutionnaires, à la suite du renvoi de Necker, voulurent rendre les poursuites libres, s'imaginant sans doute qu'ils supprimeraient du même coup tous les abus de l'administration. Un décret du 13 juillet 1789 décida que les ministres et agents civils et militaires seraient « responsables de toute entreprise contraire aux droits de la nation et aux décrets de l'Assemblée ». Le même principe fut arffirmé dans les « Déclarations des droits de l'Homme et du Citoyen » de 1789 (art. 15) et de 1793 (art. 14).

On recula, cependant, devant les conséquences de la libre poursuite. Dès 1789, une loi du 14 décembre (art. 61) interdisait de traduire les officiers municipaux devant les tribunaux à raison de leurs fonctions publiques, à

---

(1) De Tocqueville : *L'Ancien Régime et la Révolution*.

moins qu'ils y eussent été renvoyés par l'autorité supérieure. Cette garantie fut étendue à tous les fonctionnaires par la loi des 7-14 octobre 1790.

On justifia ce retour à d'anciens errements par la nécessité d'assurer la séparation des pouvoirs administratifs et judiciaires, consacrée par la loi des 16-24 août
1790 (titre II, art. 13) et le décret du 16 fructidor an III.
La poursuite des agents publics nécessitait l'appréciation
de leur conduite et pour cela l'examen d'actes administratifs qui ne relevaient que du pouvoir exécutif. Les tribunaux civils étaient incompétents pour examiner s'ils
étaient conformes aux lois et aux règlements.

Le public qui élisait les fonctionnaires et qui ne pouvait, logiquement, que les estimer, ne réagit en aucune
façon. Lorsque l'élection disparut, la garantie subsista,
et nul ne songea à s'en plaindre tant était pressant, après
la grande tourmente révolutionnaire, le besoin d'ordre et
d'autorité.

L'art. 75 de la Constitution de l'an VIII modifia légère-
ment le système de la garantie, en subordonnant le droit
de poursuivre les agents du gouvernement autres que les
ministres pour les faits relatifs à leur fonction, à une
décision du Conseil d'Etat.

Avec l'Empire l'ordre se rétablit en France, grâce à
une administration fortement centralisée et hiérarchisée,
protégée par le Conseil d'Etat, corps d'administrateurs
d'élite, qui fait en sorte que rien ne puisse l'entraver
dans sa tâche. Les autorisations de poursuites sont rares;
le plus souvent l'administration étouffe l'affaire et l'agent
fautif n'est frappé que d'une peine disciplinaire. Cette
façon de faire est consacrée par un décret du 9 août 1806

qui, précisant la portée d'application de l'art. 75 de la Constitution de l'an VIII, interdit toute poursuite, pénale ou civile, par action publique ou privée, en l'absence d'autorisation du Conseil d'Etat.

Après la chute de l'Empire, les critiques contre le régime de la garantie se firent jour et, cependant, malgré l'opposition du parti libéral, la question de savoir si l'art. 75 avait survécu à la Constitution de l'an VIII abrogée par la Charte fut définitivement tranché en faveur de l'affirmative, après que la loi du 8 décembre 1814 sur les contributions indirectes et la loi de finances du 21 avril 1818 eurent supprimé la nécessité de l'autorisation préalable dans certains cas spéciaux.

La doctrine et la jurisprudence admettaient, il est vrai, que la garantie s'appliquait exclusivement aux agents du gouvernement et que ceux-ci ne pouvaient en réclamer le bénéfice que pour les actes commis dans l'exercice de leurs fonctions. Mais comme la question de savoir si l'agent avait agi dans l'exercice de ses fonctions ne pouvait être tranchée par l'autorité judiciaire, la garantie administrative servit, en réalité, à protéger les illégalités et les abus de droit que l'administration jugeait excusables. L'autorisation était toujours refusée si le fonctionnaire avait obéi à ses supérieurs (1) ou s'il ne s'était rendu coupable que d'une irrégularité administrative (2) ou d'une simple négligence (3.

Le problème fut de nouveau posé après la Révolution de Juillet. La Charte de 1830 avait promis « qu'il serait

(1) Ordonnance du Cons. d'Etat, 24 décembre 1818, Bresset la Chaume ; 8 septembre 1819, Guillermain.
(2) Ord. du Cons. d'Etat, 2 février 1821, Botte.
(3 Ord. du Cons. d'Etat, 22 mai 1823, Ducantis.

pourvu, dans le plus bref délai possible, par une loi nouvelle à la responsabilité des ministres et des autres agents du pouvoir ». Plusieurs projets de loi furent déposés, dont aucun n'aboutit.

La jurisprudence entreprit alors, sous le second Empire, la réforme que le législateur s'était montré incapable de réaliser. Les tribunaux judiciaires remarquèrent que certains agents cumulaient, en réalité, plusieurs fonctions, dont une seule les rendait agents du gouvernement. Ils limitèrent la nécessité de l'autorisation préalable aux poursuites afférentes aux actes de cette dernière (1).

Puis, on vit que les agents peuvent accomplir, en se servant de l'autorité de leur fonction, des actes qui ne rentrent pas dans son exercice. La Cour de cassation décida qu'il appartenait aux tribunaux judiciaires d'examiner quelle était, à cet égard, la nature de l'acte incriminé (2), et l'on parvînt à distinguer les faits personnels de ceux qui sont relatifs à la fonction, qui sont « un acte de la fonction elle-même avec laquelle ils s'identifient et dont ils constituent un exercice, bien qu'abusif (3)».

Ainsi, à la fin du second Empire, les fautes des agents inférieurs pouvaient être poursuivies devant les tribunaux judiciaires ; les agents du gouvernement n'étaient protégés que pour leurs fautes de service. Une autorisation était toujours nécessaire, s'ils n'avaient fait qu'exécuter un ordre de leur supérieur hiérarchique.

---

(1) Crim. Cass., 1er août 1850, D. 50, 5, 236. Cons. d'Etat, 31 juillet 1853. Coignard, D. 54, 5, 390 ; 22 juin 1853, Loiseau, D. 54, 3, 89 ; 14 avril 1860, Jarry, D. 62, 3, 12.
(2) Crim. Cass., 15 avril 1853, D. 58, 1, 295.
(3) Cass., 31 mars 1864, S. 64, 1, 268.

En fait, le Conseil d'Etat accordait le moins d'autorisations possible.

Brusquement la situation se transforma. Le gouvernement provisoire, dans sa hâte de réaliser une réforme depuis longtemps attendue, rendit le décret-loi du 19 septembre 1870 qui abrogeait l'art. 75 et « toutes les dispositions de lois générales ou spéciales ayant pour but d'entraver les poursuites dirigées contre les fonctionnaires publics de tous ordres ». L'art. 2 du décret-loi décidait qu'il serait statué ultérieurement sur les peines civiles qu'il pourrait y avoir lieu d'édicter contre les particuliers qui auraient dirigé des poursuites contre les fonctionnaires.

La Cour de cassation (1) et la Commission provisoire faisant fonctions de Conseil d'Etat (2) admirent que les tribunaux pouvaient examiner la régularité des actes administratifs pour en condamner les auteurs. Seuls, quelques tribunaux estimèrent qu'ils devaient se dessaisir si l'acte se rattachait à la fonction (3). Leur thèse l'emporta et fût consacrée par le tribunal des Conflits dans le célèbre arrêt *Pelletier* (4) qui imposait aux tribunaux judiciaires de se déclarer incompétents toutes les fois qu'un fonctionnaire était poursuivi devant eux pour un acte de ses fonctions. Pour le tribunal des Conflits, il existait, avant 1870, deux garanties distinctes : la première, celle de l'art. 75 était destinée à protéger les fonctionnaires ; la seconde, celle de la séparation des pouvoirs avait pour

---

(1) Req. 3 juin 1872, *Conclusions, Recherches*, D. 72, 1, 385 ; 25 janvier 1873, D. 73, 1, 289.
(2) 7 mai 1871, D. 72, 3, 18.
(3) Chambéry, 20 janvier 1873, D. 74, 2, 47 ; Trib. Civ. de Versailles, 6 août 1873, D. 76, 3, 64.
(4) Trib. des Conflits, 30 juillet 1873, Pelletier, *Leb.* 1ʳ *suppl.* p. 118.

but de sauvegarder l'administration. Le décret du 19 septembre 1870, qui n'avait abrogé que l'art. 75, avait laissé subsister la règle fondamentale de la séparation des pouvoirs. Les actes administratifs accomplis par un agent dans l'exercice de ses fonctions ne pouvaient être examinés par les tribunaux judiciaires (1).

Depuis l'arrêt *Pelletier*, la jurisprudence a fait porter son effort sur la distinction désormais essentielle des faits personnels et des faits de service (2), dont le sens et la portée seront précisés au début du chapitre suivant.

C'est ainsi que fût rétabli et renforcé, en 1873, le système de la garantie administrative. Depuis lors, le tribunal des Conflits remplace en partie le Conseil d'Etat et surtout les tribunaux de droit commun, jusque-là compétents pour savoir s'il y avait fait personnel ou fait de de service. Cette nouvelle attribution le fait sortir de son rôle traditionnel, puisqu'au lieu de ne juger qu'une question de compétence, il se trouve obligé d'examiner la nature du fait incriminé qui touche directement au fond du droit, ce pourquoi il n'a pas été créé (3).

II

La nécessité de l'autorisation préalable à la poursuite des fonctionnaires, la parcimonie avec laquelle le Conseil d'Etat l'accordait en se montrant aussi strict que possible dans l'appréciation des faits personnels, devaient inciter les particuliers à se retourner contre l'administra-

---

(1) La Cour de Cassation s'est ralliée par la suite à la thèse du tribunal des Conflits : Cass., 3 août et 15 déc. 1874, D. 76, 1, 289.
(2) Cass. 3 août et 15 déc. 1874, précités, Req. 8 fév. 1876, cod. loc.
(3) Duguit, *Les Transformations du Droit Public*, p. 273.

tion, toutes les fois que l'autorisation leur était refusée. Là encore, ils devaient rencontrer de nouveaux obstacles. Leur action se heurtait directement à la tradition qui veillait en faveur de l'irresponsabilité de la puissance publique et que les critiques des philosophes du dix-huitième siècle, le développement des travaux publics, l'impopularité du droit d'expropriation sans indemnité certaine et les doléances dont il avait été l'objet dans les cahiers de 1789, n'avaient réussi à ébranler qu'en faveur de la propriété privée. L'article final de la Déclaration des Droits de 1789 (1) (reproduit et consacré par l'art. 545 du Code civil) la déclara inviolable et sacrée. En même temps, l'Assemblée Constituante, en reconnaissant des droits individuels aux citoyens vis-à-vis de la nation souveraine, mit à la charge de la collectivité tout dommage causé aux propriétés privées (2).

Mais, en dehors de ce cas, en substituant à la souveraineté du roi, celle de la nation, elle maintint, dans toute sa rigueur, le vieux dogme de l'irresponsabilité du souverain.

La responsabilité de la puissance publique, ainsi limitée aux travaux publics, devait être susceptible de généralisation. Ce fut le mérite de la doctrine et de la jurisprudence de tendre vers ce résultat au cours du dix-neuvième siècle, pour l'atteindre au début du vingtième, malgré tous les efforts de l'administration. Celle-ci, prétendant n'être responsable que politiquement ou

---

(1) Art. 17 : « La propriété est un droit inviolable et sacré; nul ne peut en être privé, si ce n'est lorsque la nécessité publique, légalement constatée l'exige évidemment et sous la condition d'une juste et préalable indemnité. »

(2) Lois des 7-11 sept. 1790 (art. 4 et 5); 28 pluviôse an VIII (art. 11) et 16 sept. 1807 (art. 48 et s.).

hiérarchiquement, multiplia les actes de gouvernement sous le second Empire, obtint du législateur qu'il fut apporté, dans certains cas, des limites à la responsabilité de l'Etat (1), et fit tous ses efforts pour réduire pratiquement à néant les effets du décret du 18 septembre 1870 qui avait abrogé l'art. 75 de la Constitution de l'an VIII, afin de rendre les fonctionnaires responsables devant les tribunaux judiciaires.

Ce furent les interprètes du Code civil (2) qui tentèrent les premiers de mettre en jeu la responsabilité de la puissance publique. L'Etat, personne morale, disaient-ils, a une volonté propre, réelle ou fictive, peu importe. Il peut commettre des fautes; les fonctionnaires, ses préposés, de même. Dans les deux cas, il doit être également responsable dans les termes du droit commun, c'est-à-dire des articles 1382 et s. du Code civil. Ils en concluaient que les tribunaux judiciaires, seuls compétents à l'exclusion des tribunaux administratifs, pour faire application de ces textes, pourraient seuls connaître des actions en responsabilité dirigées contre l'Etat ou ses démembrements.

La Cour de cassation consacra ces principes dans ses arrêts pendant la première moitié du dix-neuvième siècle (3). Elle admettait, toutefois, d'accord sur ce point avec la jurisprudence administrative, que les lois consti-

---

(1) Réquisitions militaires (l. des 3 juillet 1877 et 7 avril 1901); expropriation (l. du 3 mai 1841); servitudes militaires (l. des 10 juillet 1791), 17 juillet 1819, 22 juin 1854); postes, télégraphes, téléphones; contributions indirectes et administration des domaines (saisies mal fondées); législation des pensions, etc., etc.

(2) Demolombe, t. XXI, p. 553, n.° 637, Marcadé, code Naopléon, 5e éd., t. V, p. 270.

Aubry et Rau, *op. cit.*, t. VI, § 447, p. 387 et s., *et la note de M. Bartin*, n° 18 *bis*.

(3) Cass. 1er avril 1845, D 51, 1, 261; 19 déc. 1854, D 55, 1, 37.

tutives de la séparation des pouvoirs administratif et judiciaire « interdisaient à l'autorité judiciaire tout examen, toute critique soit des règlements administratifs, des ordres et des instructions compétemment donnés par l'administration à ses agents, soit de l'omission de ces diverses mesures (1) ».

En soumettant l'Etat aux règles du Code civil, et à leur propre compétence, les tribunaux judiciaires oubliaient de tenir compte des différences essentielles qui existent entre les rapports des individus entre eux et ceux qu'ils sont obligés d'entretenir avec les services publics.

D'une part, des contractants, en principe, libres et égaux qui peuvent toujours s'abstenir, s'ils le veulent, de prendre contact avec leurs semblables : de l'autre, des administrés, obligés d'avoir recours aux services publics dont un Etat de plus en plus envahissant multiplie sans cesse les rouages et dont les exigences s'accroissent par là même.

Aussi, le Conseil d'Etat, siégeant comme Tribunal des Conflits, repoussa-t-il toute application des textes du Code civil à l'Etat, en revendiquant pour l'autorité administrative le droit exclusif de juger les actions en responsabilité qui seraient dirigées contre lui. « A l'administration seule, disait-il en 1855, il appartient, sous l'autorité de la loi, de régler les conditions des services publics dont elle est chargée d'assurer le cours, de déterminer les rapports qui s'établissent entre l'Etat, les nombreux agents qui agissent en son nom et les particuliers qui profitent de ces services... ; ces rapports, ces droits et

____

(1) Conclusions de M. le Commissaire du Gouvernement David, dans l'affaire Blanco, D. 73, 3, 20.

ces obligations ne peuvent être réglés selon les principes
et les dispositions du seul droit civil, notamment en ce qui
touche la responsabilité, en cas de faute, de négligence ou
d'erreurs commises par un agent de l'administration; cette
responsabilité n'est ni générale, ni absolue ; elle se modifie suivant la nature et la nécessité de chaque service
dès lors, l'administration seule peut en apprécier les con
ditions et la nature (1) ». Cette responsabilité de l'Etat
du fait du mauvais fonctionnement des services publics
ou des fautes commises par ses agents dans l'exercice de
leurs fonctions, nécessite l'examen d'actes administratifs.
Les lois qui ont posé le principe de la séparation des pouvoirs et aussi le décret de la Convention du 26 septembre
1793 et l'arrêté du Directoire du 2 germinal an V, qui
décident que toutes les créances de l'Etat devront être
réglées administrativement, imposent la compétence de
l'autorité administrative.

Puis, il parut que le décret du 26 septembre 1793
comme l'arrêté du 2 germinal an V, qui avaient attribué
à l'Assemblée nationale, puis à l'autorité administrative,
la plénitude de juridiction pour les difficultés nées au
sujet des droits de créance réclamés contre l'Etat
n'avaient eu en vue que la liquidation des dettes arriérées
et qu'ils confondaient dans la généralité de leurs termes
les créances contre l'Etat, puissance publique, et contre
l'Etat, personne civile. Aussi, dès 1850, le tribunal des
Conflits ne faisait-il résulter la compétence administrative que de l'interdiction faite par l'Assemblée constituante à l'autorité judiciaire de troubler, de quelque
manière que ce fût, et même en se livrant au simple

(1) Cons. d'Etat, 6 décembre 1855, Rothschild, *Leb*, p. 705; cf 20 fév. 1858,
Carcassonne, *Leb*, p. 174.

examen d'un règlement, les opérations des corps administratifs (1).

Après sa réorganisation, en 1872, le tribunal des Conflits trancha définitivement la question de fond et la question de compétence, en laissant de côté l'argument tiré de la liquidation des créances sur l'Etat. Reprenant en partie les termes de l'arrêt *Rothschild*, dans le célèbre arrêt *Blanco*, il décida « que la responsabilité qui peut incomber à l'Etat, pour les dommages causés aux particuliers, par le fait des personnes qu'il emploie dans le service public, ne peut être régie par les principes qui sont établis dans le Code civil pour les rapports de particulier à particulier ; que cette responsabilité n'est ni générale ni absolue ; qu'elle a ses règles spéciales qui varient suivant les besoins du service et la nécessité de concilier les droits de l'Etat avec les droits privés (2). » De ces principes, en s'appuyant sur les lois des 16-24 août 1793 et du 16 fructidor an III sur la séparation des pouvoirs, le tribunal des Conflits conclut que l'autorité administrative était seule compétente pour connaître des actions en responsabilité dirigées contre l'Etat à raison de l'exécution des services publics ou des quasi-délits commis par les fonctionnaires dans l'exercice de leurs fonctions.

La Cour de Cassation s'étant rallié peu après à cette solution (3), les textes du Code civil ne furent plus ap-

(1) Trib. des Conflits, 20 mai 1850, Manoury, *Leb*, p. 477; 17 juillet 1850, Letellier, *Leb*, p. 693.

(2) Trib. des Conflits, 8 fév. 1873, Blanco, *Leb* 1er suppl, p. 61 ; cf 25 janvier 1873, Michel et Masson, *Leb*, 1er suppl., p. 40; 8 février 1873, Dugave et Branciel, *Leb*, 1er suppl., p. 71; 29 mai 1875, Ramel, *Leb*, p. 517, et 31 juillet 1875, Renaux, *Leb*, p. 760.

(3) Cass. 19 nov. 1883, D 84, 1, 246; cf Cass. 30 déc. 1873, D 74, 1, 379, et 4 avril 1876 (2 arrêts), D 77, 1, 69.

pliqués par les tribunaux judiciaires à la responsabilité de l'Etat que pour la gestion de son domaine privé ou en vertu de certains textes spéciaux (1).

L'autorité administrative, devenue maîtresse du contentieux des actions en responsabilité intentées à raison d'actes administratifs, ouvrit progressivement la porte du prétoire aux personnes lésées par les services publics. Elle assura la protection de la propriété privée par la réparation de tous les dommages causés aux immeubles par les services autres que celui des travaux publics ; puis, de même qu'elle l'avait fait pour ces derniers, elle étendit le droit à réparation aux personnes, en commençant par les accidents survenus dans les établissements nationaux. Dès la fin du second Empire, elle avait cessé d'opposer aucune fin de non recevoir, tirée de l'irresponsabilité de la puissance publique, même aux actions en indemnité pour dommages causés par des mesures de police (2).

Cette extension rapide de la responsabilité de l'Etat devait provoquer un mouvement de réaction. Il se fit jour sous l'influence de M. Laferrière, que le Conseil d'Etat devait suivre dans cette voie.

« En ce qui touche les actes de la fonction administrative, disait-il, qui ne sont pas par eux-mêmes des actes de souveraineté, mais des actes de puissance publique ou

(1) Lois des 6-22 août 1791 sur les douanes, L. du 15 juillet 1845 qui soumet l'Etat, exploitant de chemins de fer à la responsabilité du droit commun. L. du 20 juillet 1899 qui substitue, dans l'art. 1384 du C. civ., la responsabilité de l'Etat à celle des membres de l'enseignement public en laissant subsister la compétence judiciaire.
(2) Cons. d'Etat 26 février 1863, Guilbaud, *Leb*, p. 188 et 6 avril 1870, Mallet, *Leb*, p. 404.

de gestion, la doctrine, la jurisprudence et quelquefois
même la loi, admettent que des réparations pécuniaires
peuvent être dues à ceux qui ont été lésés par une faute;
mais, là encore, la responsabilité est en raison inverse
de la puissance dont l'administration est investie (1). » En
conséquence, il proposait de distinguer entre les actes
de gestion et les actes de puissance publique. Ceux-ci,
parmi lesquels il classait les décisions prises par le gouvernement contre ses agents, les actes de police généraux
ou individuels, ne devant ouvrir, en aucun cas, un droit
à indemnité, ceux-là, au contraire, pouvant engager la
responsabilité de l'Etat.

De leur côté, les partisans de la doctrine civiliste
préoccupés de restreindre le champ d'activité de la juridiction administrative, essayèrent d'y parvenir en donnant une définition plus étroite des actes administratifs.
MM. Berthélémy et Michoud, partant de l'idée que la
puissance publique commande, tandis que la personne
morale gère, distinguèrent entre les actes de gestion
accomplis par celle-ci en vue des services publics et les
actes d'autorité par lesquels la première se manifeste (2).
En l'absence de texte, les art. 1382 et s. du Code civil
leur étant inapplicables et la constatation de l'équité
étant insuffisante comme source d'actions, les actes d'autorité ne pourraient être l'objet d'aucun recours. « L'administration, dit encore maintenant M. Berthélémy,
dans la sphère de son activité n'est pas moins souveraine

---

(1) Laferrière : *Traité de la juridiction administrative*, 2e édit., t. II,
p. 185.
(2) Pour ces auteurs, l'Etat et ses démembrements doués de la personnalité morale peuvent accomplir, à ce titre, et comme un particulier les
actes de la vie civile. La notion de la personnalité morale serait, au
contraire, étrangère aux actes d'autorité. Cf Berthélémy, *op. cité*, p. 42.

que la justice dans les limites de sa compétence. Quand
un arrêt de la justice est illégal, on peut en obtenir la
cassation sans que l'Etat indemnise la victime des dommages qu'il a pu produire... Disons de même que l'administré lésé par un règlement illégal en obtiendra l'annulation, sans que l'Etat ait à l'indemniser des dommages
qu'a pu produire l'acte annulé. Les deux situations sont
identiques (1). »

Au contraire, par les actes de gestion des services publics que les civilistes assimilent aux actes de gestion du
domaine privé, l'Etat pourrait devenir débiteur comme
les particuliers, non pas parce que l'équité le commande, puisqu'elle ne peut justifier la responsabilité
de l'Etat, puissance publique, mais en vertu des art. 1382
et s. « On applique... sans difficulté ce principe quand il
s'agit des dommages causés dans l'exploitation du domaine privé de l'Etat. Pourquoi distinguer entre l'exploitation du domaine privé et la gestion des services publics, lorsqu'il s'agit de justifier la responsabilité des
administrations publiques ? Il est impossible de l'aper-
cevoir (2). »

Cette thèse civiliste atténuée ne devait pas obtenir, devant les tribunaux, plus de succès que la première (3). Les

_____

(1) Berthélémy, *op. cit.*, p. 88.
(2) Berthélémy, *op. cit.*, p. 89.
(3) Elle présentait, cependant, comme l'a dit M. Tirard (*De la
Responsabilité de la puissance publique*, p. 37) une « harmonieuse et
systématique ordonnance » : division des actes des administrateurs en
actes de puissance publique régis par le droit public et en actes de gestion régis par le droit civil; compétence dans le premier cas des tribunaux administratifs, dans le second, des tribunaux judiciaires; division
parallèle des fonctionnaires en fonctionnaires d'autorité et fonctionnaires
de gestion, les premiers exerçant leurs fonctions en vertu d'un acte de
puissance publiquee, les seconds liés à l'Etat-personne par un contrat
de droit civil, ceux-là seuls protégés par les dispositions du Code pénal
contre les outrages des administrés, ceux-ci seuls pouvant bénéficier des
lois du travail.

partisans du système élaboré par le tribunal des Conflits ne voyaient dans la décomposition de l'Etat en deux parts qu'une opération a priori. La notion d'autorité et celle de gestion, disaient-ils, sont toujours étroitement mêlées et il est impossible de comparer l'activité de l'Etat, peu préoccupé de respecter les droits des individus, avec celle du *bonus paterfamilias* soucieux de ses devoirs.

Les actes de gestion de l'Etat diffèrent essentiellement par leur caractère et par leur nature des actes accomplis par les particuliers pour la gestion de leur patrimoine. « Les préjudices qui résultent des actes de l'administration et du fonctionnement de ses divers services aux moyens d'action exceptionnellement puissants, sont, en quelque sorte extraordinaires, comme le sont ceux causés par le service des travaux publics auxquels on n'a jamais songé à appliquer de plano les art. 1382-1384 du Code civil (1). »

Aussi bien, les civilistes étaient-ils obligés d'écarter certaines conséquences de leur thèse. La situation des fonctionnaires, les conditions de leur activité qui dépendent des services auxquels ils sont attachés, le fait que l'Etat n'est souvent pas libre de les choisir à son gré, interdisent de les assimiler à de simples préposés. De même que l'administration ne peut être responsable, dans les cas de fautes lourdes, de délits ou de quasi-délits, de ses fonctionnaires, de même ceux-ci ne sauraient supporter les risques normaux de leur fonction qui, logiquement, doivent incomber à l'Etat (2).

Pour échapper à ces objections, les civilistes se ral-

____

(1) Teissier : *La Responsabilité de la puissance publique*, p. 161. Cf Tirard, *op. cit.*, p. 46 et s.

liaient à la distinction faite par le tribunal des Conflits et le Conseil d'Etat entre la faute de service et la faute personnelle (1).

De même que leurs efforts pour faire rentrer le contentieux des actes de gestion dans la compétence des tribunaux judiciaires devaient demeurer inutiles, les restrictions apportées, sous l'influence de Laferrière, à la responsabilité de l'Etat, furent de courte durée. Lui-même écrivait : « Il ne serait pas juste que des particuliers, lésé par les erreurs ou les fautes des fonctionnaires, restent victimes d'accidents dont un service public est la cause, ou tout au moins l'occasion, et il est conforme à l'équité que la responsabilité de l'Etat se substitue à celle du fonctionnaire (2). » C'est dans cette idée d'équité, de justice sociale, qu'à défaut de textes, les tribunaux administratifs trouvèrent la raison d'étendre les cas de responsabilité de la puissance publique et que la doctrine chercha les principes indispensables pour les déterminer.

Le premier de ces principes, qui réside dans la Déclaration des droits de 1789 (art. 13) et dans la Constitution de 1848 (art. 6 et 7), est que les citoyens ne doivent pas souffrir plus les uns que les autres des charges imposées dans l'intérêt de tous, et que les dommages occasionnés par les divers services publics sont du nombre des charges qui doivent êtreréparties entre tous les citoyens, en raison de leurs facultés, au moyen d'impôts et d'indemnités (3).

<hr>

(1) Trib. des Conflits, 20 juillet 1873, Pelletier, déj. cit. ; cf. Laferrière *op. cit.*, t. I, p. 648, et t. II, p. 189; Aubry et Rau, *op. cit.*. t. VI, § 447, note 18 *ter* et Hauriou, note sous trib. des Conf., 29 février 1908, Feutry, S. 08, 3, 97.
(2) Laferrière, *op. cit.*, t. I, p. 680.
(3) Cf Tirard, *op. cit.*, p, 148. M. Hauriou (*Précis de Droit administratif*

« Le second des principes qui tempère le premier et
le limite, c'est que les nécessités de la vie en société et
l'existence même de l'Etat, imposent à tous les citoyens
parce que tous profitent de son organisation et de ses
services, l'obligation de supporter sans indemnité, à
moins que le législateur en ait décidé autrement, toutes
les conséquences dommageables dérivant de l'exercice
légal et régulier de la puissance publique et du fonctionnement normal des services d'intérêt général (1). »

Le Conseil d'Etat, qui avait adopté dans sa jurisprudence la distinction établie par Laferrière entre les actes
de gestion et les actes de puissance publique, et qui avait
proclamé l'irresponsabilité de l'Etat à raison de ces derniers, décidait en 1899 « qu'il est de principe que l'Etat,
n'est pas, en tant que puissance publique et notamment
en ce qui touche les mesures de police, responsable de la
négligence de ses agents (2) ».

Puis, comprenant que la notion de police et celle de
gestion se pénètrent et coexistent en toute matière, il
étendit celle-ci aux dépens de celles-là et cessa d'opposer
aux demandes d'indemnité « la fin de non recevoir bru-
tale tirée de l'ancienne qualification d'acte de police ou
de puissance publique (3) ». Revenant aux principes
qu'elle suivait à la fin du second Empire, sa jurispru-

<hr>

et de Droit public, 10ᵉ éd., p. 382) ajoute au principe de l'égalité des
charges, celui d'enrichissement sans cause du patrimoine administratif,
parce que les principes que le juge peut faire jouer dans le silence de
la loi pour les dommages causés sans faute « doivent plonger leurs racines dans les origines lointaines du droit privé, dans les pratiques millénaires de la propriété privée et du commerce de la vie privée ».

(1) Teissier, *op. cit.*

(2) C. d'Etat, 13 janv. 1899, Lepreux, *Leb*, p. 18; cf la Note de M. Hauriou (S. 1900, 3, 1) qui en préconisant vigoureusement l'abandon de la distinction des actes d'autorité et des actes de gestion a certainement aidé
au revirement du Conseil d'Etat.

(3) Concl. de M. le Commissaire du gouvernement Romieu, dans l'affaire
Tomaso Grecio, 10 fév. 1905, L, p. 139.

dence put, « tout en se montrant très respectueuse des droits de l'administration, tout en se refusant à ériger trop facilement les erreurs de directive ou d'exécution du service public en quasi-délits administratifs à la charge de ce service, se réserver, du moins dans les cas graves, la possibilité de déclarer qu'il y a faute du service public, de nature à engager la responsabilité pécuniaire de la personne publique et d'indemniser les citoyens lésés par les vices de cette organisation ou de ce fonctionnement par trop défectueux de la machine administrative (1) ».

III

A la différence de ce que nous venons de voir pour la responsabilité de l'Etat, les règles du Code civil et la compétence des tribunaux judiciaires ont été appliquées, sans discussion, pendant tout le dix-neuvième siècle à la responsabilité des départements, des communes et des établissements publics (2).

A cela, deux raisons : la difficulté de faire accueillir les actions en responsabilité par le Conseil d'Etat ; le fait que le décret du 26 septembre 1793 et l'arrêté du 2 germinal an V sur lesquels il s'appuya longtemps pour justifier sa compétence ne concernaient pas les individualités financières de l'Etat.

Après l'arrêt *Blanco*, qui ne faisait découler la compétence de la juridiction administrative que des règles de fond applicables à l'Etat et du principe de la séparation

---

(1) Concl. de M. Romieu, loc. cit.; cf C. d'Et., 27 fév. 1903, Zimmermann, L, p. 178; concl. Romieu; 29 mai 1903, Le Berre, *Leb*, p. 414, concl. Teissier; 11 déc. 1903, Villenave, *Leb*, p. 767; 1er juillet 1904, Nivaggioni, *Leb*, p. 536.

(2) Cf Berthélémy *op. cit.*, p. 581.

des pouvoirs, le Conseil d'Etat, réorganisé par la loi du 24 mai 1872, pût admettre que les demandes d'indemnité dirigées contre les départements, les communes et les établissements publics fussent déférées à l'autorité administrative.

Le tribunal des Conflits se prononça, pour la première fois, en faveur de la compétence administrative en 1879, à propos des demandes d'indemnité formées par des agents locaux contre les départements et les communes (1). Puis, le Conseil d'Etat, après s'être reconnu juge du droit commun en matière administrative (2), retint toutes les actions en responsabilité qui lui étaient déférées (3), toutes les fois qu'un texte contraire ne le lui interdisait pas, ou qu'il ne s'agissait pas d'une atteinte au droit de propriété, par voie de fait, emprise ou entreprise sur un immeuble (4).

La Cour de cassation qui admettait, depuis 1880, que les relations des agents des communes ou des départements ne jouissent pas des relations de droit privé, maintenait cependant sa compétence à leur égard. Elle ne commença à distinguer entre la faute personnelle et la faute administrative de ces fonctionnaires qu'en 1904, et l'année suivante, la Chambre civile adoptait la distinction entre les actes de gestion et les actes d'autorité (5), que le Conseil d'Etat venait d'abandonner pour la notion

---

(1) Trib. des Conf., 27 déc. 1879, Guidet, *Leb*, p. 879.
(2) C. d'Et. 13 déc. 1889, Cadot, *Leb*, p. 1148.
(3) C. d'Et. 23 janv. 1893, Cazaux, *Leb*, p. 5 ; 21 déc. 1900 ; Maucci, *Leb*, p. 804 ; 31 janv. 1902, Grossan, *Leb*, p. 56 ; 7 juin 1907, Teyssonneyre et Jeantet, *Leb*, p. 520 ; 6 déc. 1907, Peytel, *Leb*, p. 935.
(4) Cass. 3 août 1874, D 74. 1, 289; Trib. des Conf. 24 déc. 1904, D 06, 3. 59, concl. Romieu; cf *sur la propriété des noms patronymiques*, Trib. des Conf. 22 juillet 1922, *Gaz Trib.*, 15 septembre.
(5) Req 26 janv. 1904, D 06, 1, 35; Cass. 3 avril 1905, S 06, 2, 353; Cass. 15 janv. 1906, *Gaz. Trib.* du 21 janvier.

‑de service public. Bien plus, dans un arrêt du 2 mai 1906 (1), elle revenait en arrière, en affirmant que les règles relatives à la responsabilité civile de l'Etat n'étaient pas applicables aux communes (2).

Cette thèse fut condamnée définitivement par le tribunal des Conflits, qui, depuis 1900, approuvait la jurisprudence du Conseil d'Etat (3), dans ses arrêts Feutry et ville de Marseille (4), qui assimilent les départements et les communes à l'Etat. La Cour de cassation s'est ralliée en 1912 à cette solution (5).

Après cette longue « évolution créatrice », le Conseil d'Etat put envisager l'ensemble des problèmes posés par la responsabilité de l'Etat et de ses démembrements pour les traiter d'une manière plus générale et plus hardie. Il devait en tirer, au cours de la guerre, les solutions logiques, dont nous étudierons plus loin la nature et les conséquences. Le seul inconvénient que l'on puisse trouver à cette extension considérable de sa compétence réside dans la lenteur avec laquelle les affaires sont jugées, qui, pour peu qu'elle s'aggrave encore, aboutirait à de véritables dénis de justice.

IV

Le législateur, entraîné par l'idée d'équité, devait également contribuer, de son côté, à étendre la responsabilité de l'Etat et de ses démembrements. Nous allons

---

(1) Cass. 2 mai 1906, S 08, 1, 129.
(2) Cf. Conclusions de M. Teissier sous Trib. des Conf., 29 fév. 1908, Feutry, *Leb*, p. 208.
(3) 16 nov. 1901, Baltardive, *Leb*, p. 808; 24 déc. 1904, Soufflet, *Leb*, p. 887.
(4) Trib des Conf. 29 février 1908, Feutry, préc. ; ville de Marseille, 11 avril 1908, *Leb*, p. 448 ; cf Terrier, 6 février 1903, *Leb*, p. 97.
(5) Cass. 26 février 1912, commune d'Eyguières, S 13, 1 17, note Mestre.

passer brièvement en revue les lois dans lesquelles il l'a consacrée.

C'est, tout d'abord, une loi du 29 décembre 1892 « sur les dommages causés à la propriété privée par l'exécution des travaux public », qui accorde des garanties nouvelles aux propriétaires d'immeubles endommagés et leur étend le droit, en cas d'occupation temporaire prolongée au-delà de cinq ans, de réclamer l'expropriation dans les conditions prévues par la loi du 3 mai 1841 (1).

La loi du 8 juin 1895 sur la réparation des erreurs judiciaires, en modifiant les art. 443-447 du Code d'instruction criminelle élargit le droit de revision et posa le principe du droit à indemnité au profit des condamnés innocents. Le fondement en réside dans le mauvais fonctionnement d'un service public, celui de la justice. L'indemnité ne peut être refusée par le juge que dans le cas où la victime aurait été condamnée par sa propre faute (2).

Enfin, la loi du 16 avril 1914, qui modifie les art. 106 à 109 de la loi municipale du 5 avril 1884, consacre la responsabilité solidaire des citoyens pour les dommages causés par les émeutes.

La loi du 5 avril 1884 faisait reposer la responsabilité des communes sur la négligence présumée des autorités municipales. Cette responsabilité disparaissait donc s'il s'agissait de faits de guerre, si la municipalité ne disposait pas de la police ou si le maire prouvait qu'il avait fait tout son possible pour prévenir l'émeute ou pour la faire cesser. La loi du 16 avril 1914 a eu pour but de

____

(1) Loi du 29 déc. 1892, art. 9.
(2) Cf. C. d'Et. 19 mai 1911, Lasabatie, *Leb*, p. 606 ; 30 janvier 1914, Margnat. *Leb*, p. 123.

pallier à ces inconvénients, en combinant la responsabilité des communes avec celle de l'Etat, et en répartissant, entre eux, dans une proportion, variable suivant les cas, les charges qui doivent en résulter (1).

La guerre, par les désastres de toute sorte qu'elle a provoqués, devait encore accentuer ce mouvement législatif en faveur de la généralisation de la responsabilité de la puissance publique. « L'idée de mise en commun des risques sociaux, le sentiment de la solidarité nationale ont pris une large place dans nos institutions. Volontiers, on substitue comme source de responsabilité la notion de risque à la notion de faute (2). » La théorie des actes de gouvernement tend à disparaître de la législation comme de la jurisprudence.

C'est ainsi que la loi du 17 avril 1919 sur la réparation des dommages de guerre « proclame l'égalité et la solidarité de tous les Français devant les charges de la guerre » et accorde un droit de réparation intégrale pour les dommages certains, matériels et directs, causés en France et en Algérie, aux biens immobiliers ou mobiliers par les faits de la guerre (3). La loi du 31 mars 1919 (4) sur les pensions militaires, dont le bénéfice a été étendu, *mutatis mutandis*, par la loi du 24 juin 1919, aux victimes civiles de la guerre, a amélioré les lois des 11 et 18 avril 1831 sur les pensions de terre et de mer (5). Les

(1) Par une heureuse modification, formellement apportée à la loi de 1884, ces dispositions sont applicables à la ville de Paris.

(2) Berthélémy, *op. cit.*, p. 434.

(3) V. Louis Rolland : La loi du 17 avril 1919 sur la réparation des dommages causés par les faits de la guerre, *Rev. du Droit public*, 1919, p. 366.

(4) V. César Brun : Commentaire de la loi du 31 mars 1919, *Lois nouvelles*, 1re p,, p. 33 et s.

(5) Il faut ajouter à ces deux lois, celle du 27 juillet 1917, qui institue les Pupilles de la Nation.

4

barèmes sont relevés et adaptés au degré d'incapacité causée par les blessures ; le droit à pension est accordé pour maladie contractée dans le service ; il est étendu à certains collaborateurs de l'armée (art. 48). Des majorations sont prévues pour charges de famille, de même que la gratuité des soins médicaux et pharmaceutiques.

Plus récemment, la loi du 3 mai 1921, qui, nous le verrons plus loin, est en quelque sorte la conclusion tirée par le législateur de la jurisprudence du Conseil d'Etat en matière de risque, a eu pour but d'assurer la réparation des dommages causés aux tiers par des accidents survenus dans les établissements de l'Etat, ou dans les établissements industriels privés travaillant pour la défense nationale.

V

En même temps que s'étendait la responsabilité de la puissance publique, le nombre des actes de souveraineté pour lesquelles l'irresponsabilité absolue a subsisté se trouvait singulièrement réduit.

Parmi ces derniers, il faut noter tout d'abord, les actes législatifs et réglementaires qui sont, par essence, des mesures générales et impersonnelles. Une indemnité ne peut être allouée que dans les cas où le législateur le décide formellement (1).

Toutefois, le Conseil d'Etat a admis depuis longtemps que l'administrateur devait indemniser ses fournisseurs, entrepreneurs et concessionnaires, lorsqu'un acte législa-

---

(1) Cf. Teissier, *op. cit.*, et Giraud : *De la Responsabilité de l'Etat à raison des dommages naissant de la loi*, thèse Paris, 1917.

tif ou réglementaire rend plus onéreux l'exécution du contrat, et qu'il résulte de l'intention exprimée ou présumée des parties contractantes qu'elles n'ont pas entendu laisser ce surcroit de charges sans indemnité compensatoire (1). M. Duguit soutient qu'en pareil cas, la responsabilité de la puissance publique n'est pas contractuelle, bien que le Conseil d'Etat paraisse la rattacher au contrat. « La notion de service public, dit-il, apparait encore ci au premier plan. L'Etat a le pouvoir et le devoir de modifier par un règlement ou par une loi formelle les règles relatives à l'exploitation d'un service public. Il modifie la loi du service et, par conséquent, ne touche que des situations légales. Mais il doit indemniser tous ceux qui sont particulièrement lésés par cette modification (2). »

Certains actes qui émanent de l'autorité parlementaire échappent, de ce fait, à tout recours. Tels sont les actes accomplis par une seule Chambre : règlements intérieurs, élections ; les actes des présidents des chambres : sanctions disciplinaires, mesures de police ; les actes des commissions parlementaires, des questeurs, etc.

La protection absolue dont ils sont l'objet, fondée sur le prestige de l'autorité législative et les prérogatives parlementaires, disparaît lorsque celles-ci comme celui-là ne sont plus en jeu.

En matière judiciaire, l'irresponsabilité de la puissance publique subsiste dans tous les cas autres que ceux prévus par la loi de 1895.

---

(1) C. d'Et. 10 janv. 1908, Noiré et Bessac, *Leb*, p. 20; 19 nov. 1909, Compagnie Générale Transatlantique, *Leb*, p. 891; cf. *Rev. du Droit public*, 1910, p. 78.
(2) Duguit, *op. cit.*, p. 264.

Aujourd'hui encore, une accusation abandonnée, une détention préventive reconnue inutile ne peuvent être la source d'une action en réparation. Dans l'exercice de la justice civile, des pertes peuvent résulter de l'erreur du juge. Si cette erreur est reconnue et le jugement cassé, l'Etat n'assure pas l'équitable réparation des dommages qu'a pu engendrer son exécution provisoire, parce que la justice, en les commettant, exerce une partie du pouvoir souverain (1).

Il reste, enfin, les actes de gouvernement contre lesquels aucun recours juridictionnel n'est admis.

Nous n'examinerons pas ici la question de savoir s'il y a des actes de gouvernement et quel est le critérium qui permette de les distinguer. M. Hauriou en a donné cette excellente définition : « L'acte de gouvernement est celui qui figure dans une certaine énumération d'actes poltiques dressée par la jurisprudence administrative sous l'autorité du tribunal des Conflits (2). »

Ce sont : les actes relatifs aux rapports du gouvernement avec la Chambre des Députés (3), certaines mesures de sûreté intérieure de l'Etat (4), les mesures afférentes

----

(1) Cf. Berthélémy, *op. cit.*, p. 187. V. la proposition de loi sur la liberté individuelle votée par le Sénat le 22 juin 1922 (*J. O.* du 23 juin, Sénat, *Déb. parl.*, p. 898 et s.) et spécialement l'art. 7.

(2) Hauriou, *op. cit.*, p. 485. M. Hauriou (*op. cit.*, p. 488), justifie ainsi la théorie des actes de gouvernement ; « Ce qui a créé la théorie des actes de gouvernement, c'est le besoin d'élever une barrière devant la juridiction administrative depuis qu'elle est devenue une justice déléguée. Cette barrière a été placée dans la distinction de ce qui est gouvernement et de ce qui est administration. Moyennant cette garantie d'indépendance bien modeste, le gouvernement a laissé au Conseil d'Etat pleine liberté pour faire pénétrer les recours et avec eux la régularité dans toute l'administration; il lui a abandonné même les actes les plus discrétionnaires pourvu qu'ils fussent administratifs et non pas gouvernementaux. »

(3) C. d'Et. 1888, Provost, *Leb*, p. 428; 13 nov. 1896, Jacquot, *Leb*, p. 709.

(4) Sauf les mesures de police individuelle et les mesures générales de haute police de caractère exceptionnel.

à la sûreté extérieure de l'Etat (1), les décrets de
grâce (2), les arrêtés des gouverneurs des colonies modifiant la situation légale des territoires coloniaux (3), les
annexions de territoire et les actes qui en déterminent
les conséquences (4), les actes relatifs aux relations diplo-
matiques (5). Encore pour ces derniers, le Conseil d'Etat
distingue-t-il entre l'acte diplomatique proprement dit,
qui ne concerne que les relations de gouvernement à
gouvernement et les rapports des ressortissants français
avec les agents du gouvernement à l'étranger (6).

Depuis la loi du 17 avril 1919, les faits de guerre ont
cessé d'être classés parmi les actes de gouvernement
Bien que les décisions dont ils résultent ne puissent être
l'objet d'un recours en annulation, ils donnent, néanmoins, droit à une indemnité.

---

(1) C. d'Etat 4 janv. 1918, Dugratry, *Leb*, p. 5; 5 juillet 1919, Albyn
Line Ld, p. 594.
(2) C. d'Et. 30 juin 1893, Gazel, S 95, 3, 41, et la note.
(3) C. d'Et. 18 mars 1898, Conseil général du Sénégal, *Leb*, p. 233.
(4) C. d'Et. 5 juillet 1907, Humblot, *Leb*, p. 637; 21 juillet 1911, Saïd Ali,
Leb, p. 847.
(5) C. d'Et. 23 déc. 1904, Poujade, *Leb*, p. 870; 11 fév. 1916, Moninot,
Leb. p. 79 ; 31 mai 1918, Bastide, *Leb*, p. 525 ; 7 août 1920, Goud.
(6) Comparez les arrêts Poujade et Bastide, préc.

Chapitre II

LA RESPONSABILITÉ DES FONCTIONNAIRES

I. *La distinction du fait personnel et du fait de service.* — Les différents critériums proposés ; la théorie de l'organe ; la théorie du fait détachable ; son insuffisance ; distinction faite par Laferrière et par M. Jèze ; la théorie de M. Duguit : la faute incluse et le fait détachable de la fonction.

II. *La faute personnelle du fonctionnaire.* — Application des art. 1382 et 1383 du Code Civil ; exercice des actions en justice par les syndicats et les associations ; le recours pour excès de pouvoir et les associations de fonctionnaires.

III. *L'ordre hiérarchique.* — Distinction de la hiérarchie militaire et de la hiérarchie civile ; la jurisprudence du tribunal des conflits.

I

Depuis que le Conseil d'Etat admet la responsabilité de la puissance publique pour les actes d'autorité et les actes de gestion, la seule distinction qui subsiste est celle du fait personnel et du fait de service, ébauchée par le tribunal des Conflits dans l'arrêt *Pelletier*. En présence d'un dommage quelconque, dont il est demandé réparation, la première question à résoudre est celle de savoir s'il doit être imputé au service public ou à l'un de ses agents. Cette attribution se fait sous la surveillance du tribunal des Conflits.

Encore faut-il pour cela, trouver un critérium qui permette de distinguer le fait personnel du fait de service. Plusieurs ont été proposés que nous allons exposer brièvement (1).

On pensa tout d'abord à un critérium formel : toutes les opérations d'un service public eussent été des faits de service, tous les actes accomplis par les agents publics, des faits personnels. Avec ce système, la question demeurait entière. On eut aussi bien pu dire que les opérations d'un service public sont des faits personnels et tous les actes des agents, des faits de service. Tout est question de définition.

A la logique formelle, on essaya de substituer la logique matérielle en appliquant à la distinction des fautes personnelles et des fautes de service la théorie civile des trois fautes. Ce fut sans succès, cette théorie étant particulière au droit des contrats et ne pouvant s'appliquer à une distinction qui dérive uniquement du principe de la séparation des pouvoirs.

M. Michoud crut trouver le critérium qu'il cherchait dans la théorie de la personnalité morale. L'agent peut agir comme organe de la personne administrative dans laquelle les effets de son acte se produiront. Dans le cas où cet acte constituerait une faute, seule la responsabilité

____

(1) V. un excellent exposé de la question dans : P. Cot, *la Responsabilité des Fonctionnaires*, thèse Paris, 1922, p. 105 et s.

disciplinaire de l'agent serait engagée. « En effet, dit M. Michoud, la représentation de la personne morale par l'organe s'étend à tous les actes que celui-ci accomplit en qualité d'organe, pour le compte de la personnel morale, et il ne nous paraît pas contestable que des actes illicites puissent être, en fait, accomplis par lui en cette qualité. Il est bien vrai que la faute exige une conscience et une volonté personnelles, mais précisément l'organe diffère du représentant ordinaire en ce qu'il peut accomplir, au nom de la personne morale, des actes impliquant conscience et volonté (1). » Et craignant qu'en ne lui reprochât que la faute est contraire, par définition, à la destination de la personne morale, M. Michoud ajoutait que le principe de la spécialité ne vise que le but et non les moyens employés pour l'atteindre (2). Partisan de la théorie civiliste, il concluait à la responsabilité directe de l'administration, en vertu des art. 1382 et s. du Code civil.

Cette thèse qui suppose admise la doctrine de la réalité juridique des personnes morales, est sans doute d'une valeur théorique indiscutable, mais toutes les fautes se révélant en pratique par des actes semblables, son application présenterait en fait maintes difficultés, de même que la détermination du but visé par l'agent public.

Aussi paraît-il plus simple, à tous égards, de rechercher, avant le critérium de la distinction du fait personnel et du fait de service, sa raison d'être. D'après l'arrêt *Pelletier*, celle-ci se trouve dans le principe de la séparation des pouvoirs. Avant d'établir que les faits qu'il articule sont des fautes et la cause directe du dommage,

---

(1) Michoud : *La Personnalité morale*, t. I, n° 64.
(2) Michoud, *op. cit.*, t. II, n° 274.

l'individu lésé doit prouver qu'ils sont, suivant le patrimoine contre lequel il dirige son action, des faits personnels ou des faits de service. S'il agit contre le fonctionnaire devant un tribunal judiciaire, ce tribunal devra commencer par examiner les faits ; il ne pourra les retenir que s'ils sont distincts de toute opération administrative, sous peine d'être dessaisi par la procédure du conflit. Il faut, pour qu'il puisse se déclarer compétent, qu'il se trouve suivant la formule établie par le tribunal des conflits, en présence d'un fait personnel, c'est-à-dire « détachable de la fonction » (1).

L'inconvénient de ce système, que présente d'ailleurs également celui que préconisait M. Michoud, est de laisser échapper à la censure des tribunaux certaines fautes lourdes des fonctionnaires ,parce que non détachables de la fonction (2). Si ce fait est de peu d'importance au point de vue juridique, puisque la réparation du dommage est assurée, en tout état de cause, par l'administration, du moins témoigne-t-il de quelque amoralité, à laquelle la doctrine a essayé de remédier, en considérant comme faute personnelle toute faute lourde même commise dans l'exercice de la fonction. Le tribunal des Conflits s'est rallié à cette opinion, bien qu'elle dût le faire sortir de son rôle qui n'est pas d'apprécier une faute, mais seulement de trancher une question de compétence. Il doit décider de la poursuite, non de la condamnation.

C'est Laferrière qui, le premier, trouva insuffisante la théorie du fait détachable et soutint qu'un élément de faute personnelle peut être contenu dans tout acte admi-

---

(1) La procédure et l'articulation des faits présentent, à cet égard, une certaine importance. V. Cot, *op. cit.*, p. 125.
(2) Cf. Duguit, *op. cit.*, p. 274

nistratif, et même que ce dernier peut constituer parfois une faute personnelle. « Si l'acte dommageable, disait-il, est impersonnel, s'il révèle un administrateur, un mandataire de l'Etat plus ou moins sujet à erreur, et non l'homme avec ses faiblesses, ses passions, ses imprudences, l'acte reste administratif…. ; si, au contraire, la personnalité de l'agent se révèle par des fautes de droit commun, par des voies de fait, une imprudence, alors la faute est imputable au fonctionnaire, non à la fonction, et l'acte, perdant son caractère administratif ne fait plus obstacle à la compétence judiciaire (1) » et il précisait encore : « La responsabilité civile ne s'ajoute à la responsabilité administrative que si l'irrégularité commise par le fonctionnaire, constitue en même temps une faute lourde, excédant les risques ordinaires de la fonction ou si elle révèle une intention mauvaise. « *Malitiis non est indulgendum* » (2). »

Cette formule, qui dépasse celle du fait détachable contenue dans l'arrêt *Pelletier*, en diffère essentiellement en ce qu'elle oblige à rechercher l'intention de l'agent, le mobile qui l'a poussé à agir, ce qui ne laisse pas d'être sans difficulté. Elle méconnaît, en outre, ce fait indiscutable que le caractère personnel ou administratif de la faute ne change pas avec la gravité de cette dernière.

Elle a été reprise, plus récemment, par M. Jèze, d'après lequel il y aurait faute personnelle dans deux cas, à savoir lorsque cette faute révèle une intention mauvaise ou si elle est lourde. Et il y aurait faute lourde : « 1° Lors-

---

(1) Conclusions dans l'affaire Laumonnier-Carriol, Trib. des Conf., 5 mai 1877, *Leb*, p. 437.

(2) Laf., *op. cit.*, t. I, p. 648; cf. Conclus. de M. Teissier dans l'affaire Feutry, Trib. des Conf. 29 fév. 1908, *Leb*. p. 208.

qu'un fonctionnaire public s'est trompé grossièrement dans l'appréciation des faits qui ont motivé sa conduite fonctionnelle, et l'ont amené à commettre la faute qui lui est reprochée ; 2ᵉ lorsqu'un fonctionnaire s'est trompé grossièrement sur l'étendue de ses pouvoirs légaux et a été ainsi conduit à commettre non pas seulement un excès de pouvoir, mais un véritable abus de pouvoir : 3° lorsqu'un fonctionnaire a violé une loi pénale réprimant le fait allégué contre le fonctionnaire poursuivi (1). »

M. Berthélémy exprime une idée analogue à celle de Lafferrière et de M. Jèze. « Il y a, dit-il, faute personnelle dès que l'acte reproché ne peut pas être confondu avec l'accomplissement, même irrégulier, d'un acte de la fonction. Le fonctionnaire commet une faute de service quand il accomplit sa fonction en commettant sa faute ; il commet une faute personnelle quand il se sert de sa fonction pour accomplir sa faute (2). »

Avec M. Hauriou (3), nous trouvons un autre système de différenciation de la faute personnelle et de la faute de service. Au contraire de M. Jèze, il renonce à systématiser la jurisprudence du tribunal des Conflits et à définir la faute lourde, ce qui serait « affaire, en chaque cas, du sentiment du juge ». Il soutient qu'il est indispensable d'interpréter la circonstance détachable dans un sens large et de déterminer le fait personnel à l'aide d'une théorie purement subjective et il parvient à cette formule : « Le fait personnel consiste en une circons-

---

(1) Jèze, *Rev. du Droit Pub.*, 1909, p. 267 et 274; cf. *Les principes généraux du Droit administratif*, 2ᵉ éd. p. 59, note 3, et p. 60, note 1.
(2) Berthélémy, *op. cit.*, p. 75; cf. p. 77 ,note 1.
(3) Hauriou, *Précis de Droit administratif*, p. 372 et notes au recueil Sirey.

tance qui constitue une faute détachable de la conduite administrative ordinaire, qu'elle soit ou non détachable d'un acte administratif ordinaire. » Cette circonstance, c'est la maladresse ou la méchanceté particulières que révèlent les actes du fonctionnaire et qui font que lui seul doit en répondre.

Cette distinction, qui repose sur le concept de la conduite normale, moyenne des fonctionnaires, impose au tribunal des Conflits comme celles de Laferrière et de M. Jèze une tâche qui n'est pas la sienne. Elle réduit le rôle des tribunaux judiciaires à une simple liquidation de dommages-intérêts. Elle laisse, enfin, échapper à toute sanction judiciaire les fautes légères de l'agent, maintenant ainsi la moralité administrative dans la médiocrité.

Malgré ces inconvénients, communs aux différentes théories qui viennent d'être exposées, le tribunal des Conflits qui, dans l'arrêt *Mascaras* (1), avait déjà fait abstraction complète de l'idée de fait détachable, s'est rallié à la formule de Laferrière en substituant dans ses arrêts à l'expression de fait personnel, celle de faute personnelle (2). Il ne se contente plus de rechercher si l'acte reproché au fonctionnaire est un fait détachable de sa fonction ; il se demande encore s'il constitue une faute lourde ou s'il révèle une intention mauvaise (3).

Voulant à la fois éviter que le fonctionnaire ne soit pas responsable de ses fautes légères et conserver à la théo

(1) Trib. des Conf. 15 mars 1909, Mascaras, *Leb*, p. 209.
(2) Cf., cependant Trib. des Conf. 17 nov. 1917, Bailly, *Leb*, p. 735, et 22 janv. 1921, Lambert, *Gaz. Pal.* du 28 avril.
(3) Trib. des Conf. 24 fév. 1906, dame veuve Sureau, *Leb*, p. 196; 17 nov. 1917, Bailly, *Leb*, p. 736 ; 26 juillet 1911, dame Coutareau, *Leb*, p. 878. Cons. d'Et. 7 juillet 1922, Le Gloahec, *Gaz. Pal.*, 13 octobre.

rie du fait détachable le rôle que la Cour de cassation lui
reconnaît et qu'elle n'a jamais cessé de consacrer, M. Duguit a réussi à la compléter de la façon la plus heureuse,
et à échapper à l'inconvénient qu'elle présentait, de ne pas
permettre qu'un fonctionnaire fût poursuivi à raison
d'une faute lourde lorsqu'elle résultait d'un fait non détachable de la fonction (1).

M. Duguit distingue deux hypothèses. Il peut y avoir,
tout d'abord, « à côté de l'acte administratif, accompli
sans doute à son occasion, mais parfaitement distinct de
lui, un acte qui, en soi, n'a rien d'administratif ni par
son objet ni par son but ». Cet acte est nettement distinct
de la fonction, et si c'est une faute du fonctionnaire, il y
a faute personnelle qui entraîne sa responsabilité (2). Ce
premier cas ne présente aucune difficulté. Le second est
plus subtil. Dans ce dernier, il n'y a pas deux actes distincts, mais seulement l'acte fonctionnel. « Cet acte
peut, cependant, contenir parfois en lui-même un élément de faute personnelle pouvant engager la responsabilité de l'agent ; mais, évidemment, il sera moins facilement discernable que dans la première hypothèse (3) ».
Dans ce cas, pour déterminer l'élément de faute personnelle, il faut apprécier l'acte fonctionnel, empiéter sur le
domaine administratif, ce que les tribunaux judiciaires
ne peuvent faire. On reconnaîtra que l'acte fonctionnel
contient en lui-même un élément de faute personnelle

---

(1) Notes au recueil Sirey, 1918-19, 2, 1, et 1918-19, 1 17; cf. : *Les Transformations du Droit Public*, p. 273. V. aussi la note de M. Mestre, S.
1918-19, 1, 209.

(2) Trib. des Conf. 4 déc. 1897, préfet de la Gironde, *Leb*, p. 759; 22 juillet 1909, Carbonnel, *Leb*, p. 725; 2 juin 1908, Girodet, *Leb*, p. 603.

(3) M. Berthélémy (*op. cit.*, p. 77, note 1) distingue trois sortes de
faute : *a*) les fautes étrangères à la fonction; *b*) les fautes personnelles
commises dans le service; *c*) les fautes de service.

lorsque son objet ou son but seront étrangers au domaine administratif (1).

Le tribunal judiciaire saisi d'une action en responsabilité contre le fonctionnaire serait compétent, si l'acte incriminé était nettement distinct de la fonction, et si, dans ce cas, l'autorité administrative élevait le conflit, il n'aurait qu'à rejeter le déclinatoire d'incompétence : Le tribunal des conflits déciderait, si besoin, en dernier ressort (2). Dans la seconde hypothèse, le tribunal judiciaire, qui ne pourrait apprécier la faute incluse sans examiner l'acte fonctionnel, devrait se déclarer incompétent, sans quoi il pourrait être dessaisi par la procédure du conflit. Dans ce cas seulement, le tribunal des conflits aurait à voir, si l'acte était détachable ou non de la fonction et s'il était fonctionnel, à rechercher s'il constituait une faute et de quelle gravité. Sans doute, sortirait-il alors de son rôle, mais il est le seul tribunal susceptible de résoudre le problème de la faute personnelle incluse. Enfin si l'acte incriminé était fonctionnel, après que le tribunal judiciaire saisi à tort, se serait reconnu incompétent pour en connaître, l'administré pourrait agir contre le service responsable. Si par impossible le tribunal administratif se déclarait incompétent, il y aurait conflit négatif qui devrait être tranché par le tribunal des conflits (3).

La théorie de M. Duguit ne fait que compléter la doctrine classique du fait détachable. Elle respecte le prin-

---

(1) Ex. quant à l'objet : Cons. d'Et. 2 déc. 1902, Soc. Imm. de Saint-Just, S 04, 3, 17; 12 mars 1909; comm. de Triconville, *Leb*, p. 275; 17 mars 1911, abbé Bouchon et abbé Hardel, *Leb*, p. 341; Trib. des Conf. 10 déc. 1910, Mérot, *Leb*, p. 937 Ex. quant au but : Trib. des Conf. 22 avril 1910, abbé Piment, *Leb*, p. 324; 4 juin 1910 abbé Mignon et autres, *Leb*, p. 442.
(2) Trib. des Conf. 25 fév. 1922, *Gaz. Trib.*, 17 mai.
(3) Trib. des Conf. 29 janv. 1916, abbé Thiney, *Leb*, p. 52.

cipe de la séparation des pouvoirs, et le droit pour les particuliers de poursuivre librement les fonctionnaires pour faute personnelle légère ou lourde. Elle assure la protection de l'administration grâce à la surveillance exercée par le tribunal des conflits. Elle explique enfin comment la Cour de Cassation a pu rester attachée à la théorie du fait détachable (1), le seul dont les tribunaux judiciaires puissent être saisis directement. Cette contradiction apparente avec la jurisprudence du tribunal des conflits disparait en effet, si l'on songe que les tribunaux judiciaires ne connaitront d'une faute incluse qu'après renvoi de celui-ci, et que la question de droit touchant la compétence ayant été alors préalablement tranchée, un pourvoi en cassation, serait sans objet sur ce point (2).

II

Ainsi, tout fonctionnaire peut être poursuivi s'il lui est imputé un fait détachable ou une faute lourde incluse dans son acte fonctionnel, et qui consiste, dans la plupart des cas, dans une sorte de dol (3), ou même dans « de lourdes maladresses, des négligences inexcusables commises sans malice » (4). A quelles conditions peut-il être condamné ?

La responsabilité personnelle du fonctionnaire étant une responsabilité délictuelle, nous n'insisterons pas ici

_____

(1) Cass. 5 janv, D. 21, 1. 17, note *Appleton*; cf. 15 nov. 1921, *Gaz. Pal.* du 4 janvier 1922; 13 déc. 1921, *Gaz. Pal.* 17 janvier 1922, etc., etc

(2) V Faye : La Cour de cassation.

(3) Dijon, 11 déc. 1907, D 08, 2, 229; 24 mars 1908, D 08, 2, 253; Trib. des Conf. 2 juin 1908, Girodet *Leb*, p. 603.

(4) Appleton, note sous Cass., 5 janv. 1921, préc. V. sur l'obligation pour le ministre dont relève l'agent responsable de donner le nom de celui-ci pour qu'il puisse être poursuivi devant les tribunaux judiciaires, Cons. d'Et. 7 juillet 1922, Le Gloahec, préc.

sur des règles qui ont été énoncées dans la première partie de cet ouvrage.

Le fonctionnaire, en tant qu'il manifeste son activité comme agent public, ne se révèle jamais au regard du droit comme commettant d'un préposé ou comme propriétaire d'une chose ou d'un animal. Ses subordonnés, de même que les choses dont il dispose, dépendent non de lui, mais du service public. Ce n'est qu'en vertu des art. 1382 et 1383 du code civil qu'il peut être déclaré responsable.

Il faut donc, tout d'abord, que le fait qui lui est reproché puisse être qualifié de faute. La responsabilité pour risque n'a pas de place ici (1). Cette faute peut être intentionnelle ou non. Elle existe toutes les fois que le fonctionnaire viole les devoirs que lui imposent ses fonctions, soit par action, soit par omission. Il appartient à la victime de la prouver, de même que la relation de cause à effet qui existe entre elle et le préjudic actuel matériel ou moral (2) dont elle a été la cause. Enfin, le préjudice, dont réparation intégrale est due, doit en être personnel, et c'est un point sur lequel il est intéressant de comparer la jurisprudence de la Cour de Cassation à celle du Conseil d'Etat, en ce qui concerne les actions intentées par les syndicats et les associations (3).

Les uns et les autres sont des personnes morales. Comme tels ils peuvent exercer les actions en justice nécessaires à la défense de leur patrimoine. La Cour de Cassation reconnait en outre aux syndicats le droit d'agir en justice pour la sauvegarde des intérêts généraux et

(1) Duguit : *Les Transformations du Droit public*, p. 228, 254 et s.
(2) Dijon, 28 déc. 1908, Morizot, D 09. 2. 13.
(3) V. lois des 21 mars 1884 et 1er juillet 1901.

collectifs de la profession qu'ils représentent, lorsqu'ils ont été directement lésés. Elle le refuse, au contraire, aux associations qui ne sont qu'une agglomération d'intérêts privés, et dont le total est impuissant à former un intérêt collectif (1).

Le Conseil d'Etat admet que les associations de fonctionnaires exercent le recours pour excès de pouvoir contre les nominations irrégulières ou les mesures illégales qui intéressent un corps d'agents publics. Ce recours est en effet largement ouvert, et il suffit du plus mince intérêt lésé pour qu'il puisse être intenté. Le recours de pleine juridiction est au contraire refusé aux associations de fonctionnaires, tant vis-à-vis de l'Etat que des particuliers (2).

Le fonctionnaire pourrait s'exonérer de toute responsabilité en prouvant qu'il n'a pas dépassé les limites de son droit, ou que le dommage doit être imputé à un cas fortuit ou de force majeure, ou au fait de la victime. En cas de faute commune de celle-ci et de l'agent, il y aurait naturellement lieu à partage de responsabilité.

III

Il nous reste à examiner ce que devient la responsabilité personnelle du fonctionnaire, qui ne fait qu'exécuter un ordre illégal donné par un supérieur.

Pour M. Duguit tout fonctionnaire, non militaire, n'est tenu d'obéir que dans la mesure où les ordres qu'il reçoit

---

(1) Cass. réun. 5 avril 1913, rapport Falumaigne et conclusions Sarrut, S. 1920, 1, 49, note Mestre ; Cass. 5 nov. 1918, S. 21, 1, 49 ; adde pourle préjudice direct; Crim. Cass. 18 oct. 1913, S 20, 1, 321.

(2) Cass. 4 mars 1913, S 13, 1, 345, note Chavegrin; cf. Cons. d'Et. 11 déc. 1908, Assoc. des employés civils du min. des colonies, S 09, 3, 7, concl. Tardieu, note Hauriou, et 16 juin 1911, Empis, S. 13, 3, 33, note Hauriou.

sont légaux. S'il désobéissait pour ne pas accomplir un acte illégal, il ne devrait même pas être passible d'une sanction disciplinaire (1). Au contraire, pour M. Hauriou, le fonctionnaire devrait toujours obéir, sauf dans le cas où les instructions qui lui auraient été données tendraient à lui faire commettre des infractions prévues et punies par la loi pénale (2).

Les militaires sont incontestablement tenus à l'obéissance passive, *perinde ac cadaver* (3). Ils ne sont donc jamais responsables (4), sauf dans les cas où les ordres qu'ils auraient reçus n'auraient manifestement aucun lien avec le service ; encore l'ordre pourrait-il atténuer leur responsabilité pénale (5).

Les règles sont moins rigoureuses dans l'administration civile. L'ordre hiérarchique n'affecte certainement pas la responsabilité pénale du fonctionnaire (6). Quant à la responsabilité civile, après avoir refusé sous le régime de l'art. 75 de la Constitution de l'an VIII, toutes les autorisations de poursuites (7), le Conseil d'Etat paraît encore admettre que l'ordre hiérarchique transforme un fait personnel en fait de service (8).

Les tribunaux judiciaires semblent être également restés attachés à l'idée que l'ordre hiérarchique fait dispa-

---

(1) Duguit : *L'Etat, les gouvernants et les agents*, t. II, p. 620.

(2) Hauriou ; *Principes de droit public*, 9e éd., p. 799 et s. et *Précis de Droit administratif*, p. 16 et s. et p. 103 et s.

(3) Barthélémy : *L'ordre hiérarchique et la Responsabilité des fonctionnaires*, *Rev. du Droit public*. 1912, p. 493.

(4) Lille, 27 mars 1909, D 10, 2, 350.

(5) Garraud : *Droit Pénal*, t. I, p. 312.

(6) Garraud, loc. cit.; Garçon : *Code Pénal annoté*, art. n° 158 cf. Crim.. Cass. 20 sept. 1894, *Bull.*, p. 294; 18 avril 1865, *Bull.*, p. 99; 17 avril 1855, S 55, 1, 136.

(7) Cons. d'Etat 10 nov. 1860, Ballard, *Leb*, p. 945; 31 mars 1866, duc d'Aumale, *Leb*, p. 1273.

(8) Cons. d'Et. 26 nov. 1875, Laumonnier-Carriol, *Leb*, p. 635; 13 mars 1908, commune de Boutevilliers, *Leb*, p. 258.

raître la responsabilité du fonctionnaire, et ils considèrent le plus souvent l'acte dommageable comme une mesure administrative. Ils ne seraient d'ailleurs compétents que si l'acte et l'ordre s'en détachaient l'un et l'autre.

Le tribunal des conflits décide, depuis la fin du dix-neuvième siècle, que l'ordre de service, pas plus que l'approbation par le supérieur de l'acte du subordonné, ne suffisent à lui donner le caractère d'un fait de service et à dégager la responsabilité du fonctionnaire (1). L'acte incriminé est-il un fait de service ? L'autorité administrative est seule compétente pour en connaître. Est-il au contraire un fait personnel ? Dans ce cas le fonctionnaire est responsable devant les tribunaux judiciaires. Il y a là une confirmation intéressante de la théorie du fait détachable. Avec la doctrine de Laferrière comme avec celle de M. Jèze, il y aurait dans tous les cas fait de service.

---

(1) Trib. des Conf. 15 fév. 1890, Vincent, *Leb*, p. 183; 11 juillet 1891, Mohamed ben Belkacem, *Leb*, p. 543; 24 nov., Saffroy, *Leb*, p. 629.

CHAPITRE III

———

LA RESPONSABILITÉ DE L'ADMINISTRATION

———

I. *La responsabilité pour faute et la responsabilité pour risque.* — Définition de la faute administrative ; conditions de l'indemnisation ; la théorie du risque ; le dommage spécial.

II. *Applications jurisprudentielles de la théorie de la faute.* — En matière d'exécution de peines criminelles, il faut une faute de service manifeste et d'une gravité particulière ; pour le service de police, la faute doit être lourde ; dans les autres cas il suffit d'une faute quelconque ; facilité de la preuve.

III. *Applications de la théorie du risque.* — Conditions exceptionnelles qui peuvent les justifier ; La responsabilité n'est engagée que pour les risques qui dépassent ceux qui résultent normalement du voisinage.

IV. *Critique de la théorie du risque.* — Dangers qu'elle présente au point de vue des cas fortuits. L'Etat n'a pas une capacité qui corresponde à la responsabilité pour risques.

I

De même que tout fonctionnaire est responsable de ses faits personnels, l'administration doit assurer la réparation des faits de service, et nous venons de voir qu'il faut entendre par là les faits indétachables de la fonction, et parmi les actes qui en sont séparables, ceux qui constituent une faute lourde.

Les partisans de la théorie de la personnalité morale justifient cette responsabilité, en affirmant que les actes illicites accomplis par l'agent en sa qualité d'organe, produisent leurs effets dans la personne administrative qu'il représente, et que c'est celle-ci qui est censée avoir commis une faute ou engendré un risque.

Il nous parait plus simple de dire que la responsabilité du service doit exister parce que les actes susceptibles de l'engager, et dont le fait de service est indétachable par hypothèse, étant par essence administratifs, ne peuvent être appréciés que par les tribunaux administratifs, et que ceux-ci ne peuvent prononcer de condamnations à l'égard des particuliers, mais seulement à l'encontre des groupements de services publics. Ces derniers se trouvent être responsables, en vertu d'une idée d'assurance, qui ne couvre pas tous les risques créés par l'exécution des services publics, mais seulement les dommages qui résultent des fautes commises par les agents publics dans l'exercice de leurs fonctions. Il y a là un fait inévitable et sans lequel « nul n'accepterait une charge publique, sachant que, malgré son zèle et sa bonne volonté, il serait exposé à des poursuites, et l'Etat ne recruterait que difficilement les cadres de son administration (1) ».

Il ne suffit pas de proclamer la responsabilité des services publics ; il faut dégager un fondement sur lequel il soit possible de la faire reposer. Comme dans notre

---

(1) Duguit, note sous Bordeaux. 19 juin 1917, S 1918-19, 2, 1.

droit civil, deux théories fondamentales se sont disputé
ce rôle : la théorie de la faute et la théorie du risque.

La première a trouvé sa place, dès la fin du dix-neuvième siècle, dans la doctrine et dans la jurisprudence du
Conseil d'Etat (1). Entendons bien qu'il ne s'agit pas
d'une théorie de la faute dans le sens du droit civil. Il
eût été inutile de repousser la thèse civiliste de la responsabilité de la puissance publique, pour revenir à une application détournée des art. 1382 et s. du Code Civil.
« L'expression faute de service... suppose uniquement le
fonctionnement défectueux du service incriminé, quelle
qu'en soit la lacune ; elle ne suppose... ni la violation
des règlements, ni même la négligence prouvée d'un ou
plusieurs agents de l'administration *nommément dési-
gnés*. A ce point de vue elle diffère profondément de la
faute au sens civil de l'expression (2) ».

La faute administrative est celle qui résulte du mauvais
fonctionnement d'un service public, lequel aurait pu être
évité par une administration soucieuse de ses devoirs.
« Ce sont, dit encore M. Hauriou, les négligences, les
omissions, les erreurs, qui sont dans les habitudes de ce
service, lorsque ces habitudes sont mauvaises (3) ». On
sait que ce sont en réalité celles des fonctionnaires que
l'administration prend à sa charge.

La victime qui veut obtenir de celle-ci la réparation du
préjudice qu'elle a subi, doit alléguer un certain nombre
de faits de service, établir qu'ils constituent la cause réelle
du dommage et qu'ils sont des fautes. Celles-ci doivent
être d'autant plus graves que la fonction du service est

---

(1) Cons. d'Etat 7 fév. 1896, Maugère, p. 119.
(2) Aubry et Rau, *op. cit.*, t. VI, § 447, note 18 *ter*, p. 390.
(3) Hauriou : *Précis de Droit administratif*, 10ᵉ éd., p. 374.

plus élevée. Il est en effet des cas où les difficultés du service sont telles qu'il serait absurde de le rendre responsable de toutes les fautes commises dans son exécution, sous peine de le paralyser. Il en est d'autres où il est possible d'exiger que toute diligence soit faite pour en assurer le bon fonctionnement. Dans tous les cas, et il convient de souligner cette différence d'avec ce que nous avons dit des difficultés de la preuve de la faute en droit civil, il suffit à la victime du dommage d'apporter un commencement de preuve. Le juge administratif jouit des pouvoirs les plus larges et il procède par lui-même à l'intruction de l'affaire (1).

La responsabilité pour faute ne se présume pas et elle disparait, lorsque le dommage résulte d'un cas fortuit (entendu dans le sens large, qui comprend la cause inconnue), de la force majeure (2), ou de la faute de la victime (3). Dans ce dernier cas il peut y avoir lieu à partage de responsabilité entre celle-ci et le service incriminé, si tous les deux ont commis une faute.

La responsabilité pour fait de service n'existe pas pour les décisions exécutoires, qu'il faut se garder de confondre avec les faits d'exécution ou d'inexécution, et il en serait ainsi alors même qu'elles seraient entachées d'excès de pouvoir. Au contraire, lorsqu'elles sont mises à exécution et qu'il en résulte un dommage dû à une faute du service, l'administration doit en assurer la réparation.

A la théorie de la faute certains auteurs ont opposé un système de responsabilité objective, fondée sur la théorie du risque. Le Conseil d'Etat a toujours admis qu'il suffi-

---

(1) C. d'Etat, 6 fév. 1903, Camps, *Leb*, p. 99.
(2) C. d'Etat 10 mai 1912, Ambrosini, *Leb*, p. 549.
(3) V. Hauriou ,note sous C. d'Et. 10 fév. 1905, Tomaso Grecco, avec les remarquables conclusions de M. Romieu, S 05, 3, 113.

sait qu'un dommage causé par l'exécution d'un travail public fut spécial, pour qu'il donnât lieu à réparation. « Or, dit M. Jèze, il y a dommage spécial toutes les fois qu'il résulte des circonstances que la victime supporte du fait de l'administration un préjudice que les autres individus ne sont pas appelés à supporter, en sorte que la règle de l'égalité des individus devant les charges publiques est violée au détriment de la victime (1) ». Comme l'exécution d'un travail public ou d'un ouvrage public constitue essentiellement un service public, il n'y aurait aucune raison pour ne pas étendre à tous les services publics les principes admis pour les travaux publics.

Le dommage spécial, parait insuffisant à M. Hauriou, pour motiver la responsabilité des services publics qui, en dehors des cas ou une faute leur est imputable, exigerait la réunion de deux conditions : 1° L'enrichissement sans cause d'un patrimoine administratif ; 2° Que cet enrichissement résulte d'un dommage spécial, causé à un tiers par l'exercice d'un droit exorbitant, ou par l'exercice exorbitant d'un droit ordinaire de l'administration. Cette théorie, qui se rapproche de celle de l'abus des droits, se justifierait par cette idée que les principes auxquels le juge peut faire appel dans le silence de la loi, « doivent plonger leurs racines dans les origines lointaines du droit privé, dans les pratiques millénaires de la propriété privée et du commerce de la vie privée (2) ». •

Que la responsabilité soit fondée sur l'idée de faute ou sur l'idée de risque, le dommage ne doit être réparé que

---

(1) Jèze, *Rev. du Droit Public*, 1919, p. 239; cf. Duguit : *Les Transformations du Droit public*, p. 254.
(2) Hauriou, *op. cit.*, p. 382.

s'il est actuel et certain : Il est inutile d'insister sur ce point.

II

La jurisprudence du Conseil d'Etat, dont nous allons étudier les applications, se partage entre les deux théories, de la faute et du risque. C'est à la première qu'elle a d'abord eu recours pour justifier ses décisions.

La responsabilité de la puissance publique varie avec l'importance du service, auteur de la faute. Ses actes doivent être d'autant plus graves et procéder de fautes plus manifestes, que les pouvoirs en vertu desquels il les accomplit touchent de plus près à la souveraineté. Tel est le cas du service de police.

Lorsqu'il s'agit de l'exécution de peines criminelles, la victime doit alléguer une faute manifeste, une imprudence grave, qui sont appréciées *in concreto*, d'après la diligence habituelle du service. L'espèce suivante en donne un exemple caractéristique. Un sieur Zulemaro a été tué par deux évadés de la Guyane. Aucune faute de service n'a été relevée dans la garde des camps, où d'ailleurs aucune mesure ne peut être prise qui rende impossible les évasions. Mais il résultait des rapports des agents de l'administration pénitentiaire, que celle-ci n'avait exercé, antérieurement au meurtre aucune surveillance sur les localités où vivaient ouvertement les évadés. Le Consel d'Etat a estimé « que dans ces circonstances et tout en tenant compte des difficultés spéciales du service pénitentiaire dans la colonie, il y (avait) lieu, de relever à la charge de ce service, une *faute manifeste et particulièrement grave*, de nature à engager la responsabilité de l'Etat... (1) ».

C'est pour n'avoir pas apporté la preuve d'une telle négligence, que le sieur Duchesne, également blessé par un évadé à la Guyane, s'est vu refuser toute indemnité, l'instruction n'ayant relevé, « dans l'organisation ou l'exécution du service pénitentiaire, *aucune faute manifeste et d'une particulière gravité*, qui, dans les circonstances de l'affaire... », fût de nature à engager la responsabilité de l'Etat (2).

En matière d'actes de police, après l'arrêt *Lepreux*, qui avait posé le principe de l'irresponsabilité de l'Etat, le Conseil d'Etat, avait consacré la solution contraire, dans les arrêts *Zimmermann*, pour la police administrative, *Villenave*, pour la police municipale, *Tomaso Grecco*, pour la police nationale, mais sans préciser le degré de faute indispensable, pour que l'administration fût tenue pour responsable (3). Il a comblé cette lacune dans l'espèce suivante :

La dame Lemonnier, a été atteinte, le 9 octobre 1910, à Roquecourbe, alors qu'elle suivait la promenade qui longe la rive gauche de l'Agout, par une balle provenant d'un tir, installé sur la rive opposée, et dont les buts étaient constitués par des cibles flottant sur la rivière. Le Conseil d'Etat, a déclaré la commune responsable, parce que « l'autorité municipale, chargée de veiller à la

<hr>

(1) C. d'Etat 4 janv. 1918, mineurs Zulemaro, *Leb*, p. 9.
(2) C. d'Et. 4 janv. 1918, Duchesne, *Leb*, p. 10; cf. 19 mai 1922; Dourdent, D, chronique 1922, p. 22.
(3) C. d'Et. 13 janv. 1899, Lepreux, *Leb*, p. 18 ; 27 fév. 1903, Zimmermann, *Leb*, p. 178; 11 déc. 1903, Villenave, *Leb*, p. 763; 10 février 1905, Tomaso Grecco, *Leb*, p. 139; cf. 24 déc. 1909, Pluchard, *Leb*, p. 1029. M. Duguit (*op. cit.*, p. 261) a voulu trouver dans cet arrêt la preuve que la faute de l'administration était « comme présumée » et qu'il y avait « responsabilité pour risque administratif ».

sécurité des voies publiques, avait commis *une faute grave*, en autorisant l'établissement de ce tir, sans s'être assurée que les conditions de l'installation et l'emplacement, offraient des garanties suffisantes pour cette sécurité (1) ».

Le même principe se retrouve dans un arrêt *Vallet*. Le maire de la commune de Cublize, ayant autorisé une représentation, donnée le 29 juillet 1911, par une troupe de forains sur la place publique, un piquet qui supportait une lampe à pétrole, fut renversé par un chien, au cours de la représentation. La lampe mit le feu aux vêtements du jeune Vallet, lequel décéda des suites de ses blessures. Toute indemnité fut, cependant, refusée à ses parents, parce que l'instruction n'avait établi « *aucune faute lourde* du service public, de nature à engager la responsabilité de la commune (2) ». La victime doit apporter au juge administratif, sinon la preuve de cette faute lourde, du moins les éléments qui lui permettront de la dégager dans la conduite du service.

Restent enfin les actes que l'on eût qualifiés autrefois d'actes de gestion, et qui engagent toujours la responsabilité de l'Etat ou de ses succédanés, à la seule condition que la victime puisse soutenir, que l'accident dommageable résulte du mauvais fonctionnement du service public ; qu'il n'y ait ni cas fortuit, ni force majeure, et

---

(1) C. d'Etat 26 juillet 1918, Lemonnier, *Leb*, p. 761.

(2) C. d'Et. 20 juin 1919, Vallet, *Leb*, p. 534; cf. 23 juin 1916, Thévenet, *Leb*, p. 244; 15 mars 1918, Beaudelet, *Leb*, p. 258; 1er oct. 1919, dame Renaudie, *Leb*, p. 698. Dans l'arrêt Thévenet comme dans l'arrêt Lemonnier, la commune a été condamnée pour exercice fautif du pouvoir réglementaire. V. pour l'extension de cette jurisprudence à l'Etat. Hauriou, note au Sirey, 1920, 3, 49.

qu'on ne puisse lui reprocher, à elle-même, aucune faute (1).

Le Conseil d'Etat a même décidé en 1909, dans un arrêt *Lefébure*, que le seul fait, que l'accident se rattachât directement à l'exécution du service public, suffisait pour rendre l'Etat responsable, bien qu'il fît la preuve qu'il n'y avait en l'espèce, ni faute, ni négligence du service (2).

Cette solution n'a pas prévalu, et la jurisprudence *Brunet*, rendu dans les circonstances suivantes, particulièrement curieuses, un simple retard ayant suffi pour motiver la responsabilité de l'administration. Le sieur Louis Brunet s'était engagé à 18 ans, c'est-à-dire avant l'âge voulu, dans la légion étrangère, sous un faux nom et avec une fausse nationalité. Le ministre de la guerre récente n'alloue d'indemnité que s'il est constaté une faute à la charge du service. C'est ce qu'affirme un arrêt saisi par le père, le 1er février 1911, d'une demande tendant à la libération immédiate de son fils, n'a prononcé l'annulation de l'engagement que le 2 mai suivant. Entre temps, au mois d'avril, et bien que ses chefs connussent les vices de l'engagement, Louis Brunet avait été envoyé au Maroc, et il y avait été tué sur le champ de bataille, le 15 mai, avant que la notification de la décision ministérielle qui le libérait, fut parvenue à son corps. Le Conseil d'Etat reconnut que si l'on ne pouvait reprocher à l'autorité militaire d'avoir reçu l'engagement de Louis

---

(1) C. d'Etat 4 janv. 1918, Baunot. *Leb.* p. 12. V. cependant dans l'hypothèse du mauvais fonctionnement du service d'incendie d'une commune : C. d'Et. 2août 1918, Touroumire. *Leb*, p. 805. dans lequel le Conseil d'Etat a refusé tous dommages-intérêts, parce le demandeur n'établissait pas la faute lourde du service.

(2) C. d'Etat 5 fév. 1909, Lefébure, *Leb*, p. 140; cf. 17 fév. 1905, Auxerre. *Leb*, p. 105.

Brunet, dans la légion étrangère, en violation des conditions autorisées par les règlements, elle avait, du moins, commis des fautes, de nature à engager la responsabilité de l'Etat, en ne prononçant l'annulation de l'engagement qu'après un délai exagéré, et en ne procédant pas, à la libération immédiate de Louis Brunet, dès que les vices de son engagement avaient été connus (1). Il n'a pas été accordé, toutefois, de dommages-intérêts, parce qu'il n'existait pas dans les circonstances de l'affaire de préjudice, devant être réparé.

C'est que la seule lésion d'un intérêt d'affection ne suffit pas, aux yeux du Conseil d'Etat, pour motiver le droit à réparation. Il l'a très nettement affirmé, dans un arrêt *Guinot*. Mlle Guinot ayant été tuée par un camion militaire, et la responsabilité de l'Etat s'étant trouvée engagée, une indemnité a été allouée à ses parents pour ce motif que « si la douleur éprouvée par les père et mère de la victime, ne constitue pas en elle-même un élément de préjudice susceptible d'être évaluée en argent, il appartient au juge, pour la détermination de l'indemnité à laquelle ils ont droit, de faire état des troubles de toute sorte, apportés dans les conditions d'existence des survivants et susceptibles d'aggraver, à leur égard, les conséquences de l'accident (2) ». La question du préjudice moral est donc envisagée de façon tout à fait différente, par le Conseil d'Etat et la Cour de Cassation (3).

---

(1) Cons. d'Et. 18 juillet 1919, Brunet, *Leb*, p. 649; cf. C. d'Et. 26 avril 1918, Gaillard, *Leb*, 391; 22 nov. 1918, veuve Blampin, *Leb*, p. 1042; 19 déc. 1919, Caron, *Leb*, p. 935; 24 oct. 1919, Diorum; 30 juillet 1920, demoiselle Gaudet ; 13 mai 1920, Berlaudi ; 4 juin 1920, commune de Savigny-sur-Braye; 17 déc. 1920, Soc. d'Ass. mutuelles contre les accidents du travail : « L'Alimentation » ; 4 mars 1921, veuve Mérel, *Gaz. Pal.*, 21, 1, 392.

(2) C. d'Et. 25 juillet 1919, Guinot, *Leb*, p. 689 ; cf. 24 mars 1916, époux Quénot, D 21, 2, 137, note Lalou et *supra*.

(3) Cf. pour le préjudice moral porté au curé d'une église par des sonneries civiles : C. d'Etat 21 mai 1919, abbé Laparre, *Leb*, p. 286.

La responsabilité des patrimoines administratifs existe non seulement vis-à-vis des particuliers, mais aussi vis-à-vis d'autres patrimoines administratifs, qui auraient subi, du fait des premiers, un préjudice spécial. C'est ce que le Conseil d'Etat a jugé, à propos du préjudice porté par une commune à une autre commune, par l'établissement irrégulier d'un marché. On saisit, en pareil cas, l'importance que présente la compétence administrative, sans laquelle il eut été impossible à la commune lésée, l'art. 1382 étant inapplicable, d'obtenir une indemnité (1).

L'exigence d'une faute de service, pour engager la responsabilité de l'administration, a pour conséquence logique de la faire disparaître entièrement, lorsque l'accident est dû à un cas fortuit, ou de force majeure (2), en partie, lorsque la victime a contribué elle-même à le provoquer ou à en aggraver les suite, par son imprudence ou par sa négligence. En voici un exemple :

Le sieur Massé a été blessé par l'éclatement d'obus allemands qu'un officier et des soldats, chargés de ce service, faisaient exploser. Son concours n'avait pas été requis par l'autorité militaire, et c'est de son plein gré qu'il avait assisté aux opérations. Mais le capitaine chargé de procéder à l'éclatement des obus devait prendre toutes les précautions indispensables dans la circonstance, et faire éloigner les personnes étrangères au groupe qu'il commandait. Le Conseil d'Etat a jugé, qu'en tolérant la présence du sieur Massé, il avait commis une faute de nature à engager la responsabilité de l'Etat, et c'est après

(1) C. d'Etat 23 déc. 1921, commune de Montfaucon; c. commune de Dunières; concl. de M. Corneille, *Rev. du droit pub.*, 1922, p. 232.
(2) C. d'Etat 10 mai 1912, Ambrosini. *Leb*, p. 549.

avoir tenu compte des torts respectifs des parties en cause qu'il a alloué une indemnité à la veuve (1).

Le fait que l'agent de l'administration, auteur du fait dommageable, aurait été acquitté par la juridiction répressive ne peut mettre obstacle à l'action en responsabilité dirigée contre le service public. Le Conseil d'Etat l'a décidé formellement en jugeant, dans un arrêt *Blampin* que « la circonstance que le conducteur de la voiture régimentaire (dont le véhicule était entré en collision avec celui du sieur Blampin, décédé des suites de ses blessures) a été acquitté de l'inculpation d'homicide par imprudence qui a motivé sa comparution devant un conseil de guerre, n'est pas de nature à exonérer l'Etat de la responsabilité qui lui incombe, en raison de la faute... relevée dans le fonctionnement d'un de ses services (2) ». Les deux actions reposant sur des causes juridiques différentes ne peuvent influer l'une sur l'autre. La prescription de l'action publique contre l'auteur du délit laisse subsister entièrement la responsabilité de l'administration.

III

A côté de la théorie de la faute, dont nous venons de voir qu'elle constitue le fondement essentiel de la jurisprudence du Conseil d'Etat en matière de responsabilité, celui-ci a fait appel dans quelques arrêts, et par des motifs de circonstance exceptionnels, à la théorie du risque.

(1) C. d'Et. 25 janv. 1918, dame veuve Massé, *Leb.*, p. 70; cf. 15 mars 1918, Poulain, *Leb*, p. 258; 6 mai 1918, dame Aubin, *Leb*, p. 416; 22 nov. 1918, Compagnie d'As. « La Prévoyance », *Leb*, p. 1042; 19 déc. 1919. Compagnie Générale des voitures, *Leb*, p. 934, et pour le cas où l'accident n'est dû qu'à la faute de la victime : 29 juin 1918, Coen, *Leb*, p. 650.
(2) C. d'Et. 22 nov. 1918, veuve Blampin, *Leb*, p. 1042; cf. 22 mai 1912, dame Augé-Chiquet, *Leb*, p. 600.

Il semble, d'ailleurs, que l'origine de ce mouvement soit assez lointaine et qu'on doive la faire remonter à l'arrêt *Cames*, qui a admis le premier la responsabilité de l'Etat, à raison des accidents survenus aux ouvriers employés dans ses établissements, en vertu de l'idée de risque professionnel (1).

Le 4 mars 1916, l'explosion d'un dépôt de grenades et autres engins de guerre faisait sauter le fort de la Double-Couronne (près de Saint-Denis), où ils étaient accumulés depuis le mois de septembre 1915. Après avoir déclaré au Parlement que l'Etat interviendrait pour réparer les dommages causé dans les environs par ce sinistre, le Sous-Secrétaire d'Etat aux munitions refusa de reconnaître que la responsabilité de l'Etat fût engagée et le Ministre de la Guerre répondit aux réclamants que dans les circonstances où l'accident s'était produit, il ne pouvait être imputé à faute à l'Etat,, parce qu'un même fait, en l'espèce, l'accumulation des grenades, constitutif d'une faute en temps normal, pouvait cesser de l'être en temps de guerre.

M. Corneille, commissaire du gouvernement, dans une affaire *Regnault-Desroziers*, après avoir convenu qu'il pouvait y avoir des circonstances atténuantes ou même absorbantes de la notion de fonctionnement irrégulier, conclut à la responsabilité de l'Etat parce qu'il relevait dans les faits de la cause, des fautes nettement caractérisées et de nature à l'engager. Le Conseil d'Etat ne les jugea sans doute pas de la même manière ; toujours est-il qu'il décida « que ces opérations effectuées dans des conditions d'organisation sommaire, sous l'empire des

(1) C. d'Et: 21 juin 1895, Cames, *Leb*. p. 509.

5

nécessités militaires, comportaient *des risques excédant les limites de ceux qui résulent normalement du voisinage*, et que de tels risques étaient de nature, en cas d'accident survenu en dehors de tout fait de guerre, à engager, indépendamment de toute faute, la responsabilité de l'Etat (1) ».

La même solution a prévalu dans un litige auquel donna lieu l'explosion du cuirassé *Liberté*, en rade de Toulon, le 25 septembre 1911. Parmi les victimes des bâtiments mouillés dans le voisinage était le canonnier Colas, du cuirassé *Démocratie*. La demande d'indemnité formée par ses parents fut rejetée par le Ministre parce qu'aucun fait n'était relevé à la charge des services de la marine, que nulle faute n'avait été établie à l'encontre des agents de l'établissement de la guerre qui avait fourni la gargousse, cause de l'explosion, et enfin que, dans des circonstances semblables, lors de l'explosion du cuirassé *Iéna* (2), le Conseil d'Etat avait proclamé l'irresponsabilité de l'Etat.

M. Corneille, commissaire du Gouvernement, après avoir rappelé, qu'à ce moment (en 1912), la responsabilité de l'Etat devait avoir sa source dans la faute du service public, ajouta que dans la pensée du Conseil d'Etat, l'existence d'une faute de service n'était plus l'unique source de la responsabilité de l'Etat, et qu'il y avait place « en des hypothèses exceptionnelles, à une responsabilité objective dérivée, non plus de la théorie de la faute, mais de la théorie du risque », mais qu'il fallait se garder

(1) C. d'Et. 28 mars 1919, Regnault-Desroziers, *Leb*, p. 329, et *Rev. du Droit Pub.*, 1919, p. 242 et s.; cf. 12 mars 1920, Compagnie d'assurances « La Préservatrice » et 26 mars 1920, Compagnie de Lyon.
(2) C. d'Et. 10 mai 1912, Ambrosini, *Leb*, p. 549; cf. 6 déc. 1912, Ravel, *Leb*, p. 163.

d'aboutir à la théorie du risque intégral, pour s'en tenir aux risques exceptionnels excédant ceux qui résultent normalement du voisinage. C'est la solution qu'adopta le Conseil d'Etat, en décidant que : « le voisinage des stocks de poudre de combat emmagasinée en 1911 dans les soutes du cuirassé *Liberté*, en vue de manœuvres navales, dans les conditions où ces poudres étaient emmagasinées et utilisées *constituait par lui-même un risque exceptionnel*, susceptible, en cas d'accident, d'engager la responsabilité de l'Etat à l'égard des tiers (1) ».

IV

Que faut-il penser de cet abandon momentané par le Conseil d'Etat de la théorie de la faute pour celle du risque ?

Il est certain, tout d'abord, qu'il n'a jamais entendu se rallier à la théorie du risque intégral. Il prend soin de préciser, dans ses arrêts, qu'il n'entend mettre à la charge de l'Etat, comme en matière de travaux publics, que les seuls risques qui excèdent ceux qui résultent normalement du voisinage. Le système qu'il adopte tient, en réalité, beaucoup plus de celui de l'abus des droits, que de celui de la responsabilité du fait de la chose prévue par l'art. 1384, § 1er, du Code civil, ou de celui du risque créé. Il convient, en outre, de faire remarquer qu'à s'en tenir aux différents cas dans lesquels le Conseil d'Etat a fait appel à la théorie du risque, explosion d'un fort, d'un atelier ou d'un cuirassé, cette jurisprudence a perdu sa raison d'être depuis que la loi

(1) C. d'Et. 21 mai 1920, époux Colas et dame Jarriau, *Rev. du Droit public*, 1920, p. 407, avec les conclusions de M. Corneille.

du 3 mai 1921, a posé le principe de la réparation des dommages occasionnés aux tiers par des accidents survenus dans les établissements de l'Etat ou dans les établissements industriels privés travaillant pour la défense nationale. Cette loi donne droit à réparation, lorsque celle-ci ne pourra être obtenue par les recours de droit commun, aux victimes d'explosion survenues « dans les dépôts de munitions, navires de guerre, arsenaux et manufactures de l'Etat.... ou encore dans les localités où des munitions ont été abandonnées sans surveillance (1) ».

M. Hauriou, dans une note que nous avons déjà citée dans la première partie de cet ouvrage, a vivement critiqué, et à juste titre, croyons-nous, l'adoption par le Conseil d'Etat de la théorie du risque (2). « La théorie du risque de voisinage anormal, dit-il, rendra l'Etat responsable du cas fortuit, et craignons-le aussi, du cas de force majeure ; la pente est fatale; nous le voyons bien par la jurisprudence en matière d'accidents du travail ». Et il affirmait qu'« aussi sensible que quiconque aux considérations de sentiment et d'équité », il voudrait bien « qu'on ne confondît pas le sentiment avec le droit, l'équité avec la justice, qu'on n'oubliât point qu'il existe des catégories juridiques au delà desquelles restent toujours possibles, soit les dispositions législatives, soit les indemnités gracieuses ». Le Conseil a mal choisi son moment pour se rallier à la théorie du risque, dont la Cour de cassation reste toujours aussi éloignées et qui semble être passée de mode. La responsabilité objective ne devrait être im-

---

(1) V. sur la première application de la loi du 3 mai 1921 et la compétence du tribunal des pensions : Cons .d'Et. 26 nov. 1922, veuve Bürger, *Gaz. Pal.* du 19 déc. 1922.

(2) Hauriou, note sous C. d'Et. 28 mars 1919, Regnault-Desroziers, S 1918-19, 3, 25.

posée par le législateur qu'à la condition que les risques soient exceptionnels, la victime méritante et l'entreprise susceptible de les supporter sur ses frais généraux, ainsi que leur assurance. A cet égard, il faudrait distinguer entre les entreprises normales qui se gèrent selon les principes d'un *bonus-paterfamilias* et ne sont adaptées qu'à la responsabilité pour faute, et les entreprises de spéculation et d'aventures qui ont pour type le *business-men*. « Nous ne supposons pas, conclut M. Hauriou, que le Conseil d'Etat prétende que la vie des entreprises administratives soit montée au système accéléré des entreprises industrielles et commerciales, ni que les services publics, qui ont déjà bien de la peine à atteindre à la diligence du *bonus-parterfamilias* puissent se hausser à la capacité de risques des *business-men*. Alors, de grâce, qu'on ne leur impose pas, par de dangereuses déclarations de principe, des responsabilités qui dépassent aussi visiblement leur capacité ; la proportion de la responsabilité à la capacité est, elle aussi, une condition de la justice. »

Ces critiques sont absolument fondées, et elles le restent d'autant plus que, contrairement à ce que pouvait écrire M. Hauriou en 1918, la Cour de cassation semble s'être elle-même, et dans la mesure que nous avons indiquée à propos de l'art. 1384 du Code civil, rapprochée de la théorie du risque.

. Le Conseil d'Etat aurait fort bien pu se dispenser d'y recourir, si l'on songe que dans l'affaire Regnault-Desroziers, M. Corneille, commissaire du Gouvernement, releva des fautes de service suffisantes, malgré l'état de guerre, pour justifier la responsabilité de l'Etat et qu'il eût été sans doute possible d'en trouver dans les autres espèces, par une interprétation moins stricte de la notion de faute.

La théorie de la faute, qui est le fruit d'un long travail de jurisconsultes, présente une solution perfectionnée du problème de la responsabilité (1). Elle offre cette supériorité incontestable sur la théorie du risque, de considérer les accidents du service comme pouvant être évités et de tendre par là même, sans y parvenir toujours, à stimuler la diligence des agents vers une amélioration constante du service public.

Présente-t-elle, du moins, les mêmes avantages pratiques ? On peut l'affirmer en ce qui concerne les agents qu'elle décharge également de la responsabilité des faits de service, lorsqu'ils constituent des fautes légères, l'administration en étant déclarée responsable directement comme gérant du service et non pas secondairement comme un commettant ordinaire.

Il en est de même pour les administrés auxquels une application moins sévère de l'idée de faute permettrait d'assurer d'une façon équitable la réparation des dommages qu'ils auraient subis. Et si elle les oblige à faire la preuve de la faute du service, c'est en leur donnant toutes les facilités possibles, puisque le juge administratif instruisant lui-même l'affaire, il suffit qu'un commencement de preuve lui soit apporté pour que la requête soit prise en considération.

------

(1) Cf. Hauriou, note au Sirey, 1905, 3. 119. M. Michoud adhère à la théorie de la faute. V. *Théorie de la Personnalité morale*, t. II, p. 277.

Chapitre IV

LE CUMUL DE LA RESPONSABILITÉ DE L'AGENT
ET
DE LA RESPONSABLITÉ DE LA PUISSANCE PUBLIQUE

I. *Possibilité du cumul d'actions et du cumul de responsabilités.* — Son origine dans l'arrêt 1909 ; généralisation du principe.

II. *Etude de la jurisprudence.* — On peut classer les espèces en trois groupes : inexécution d'une obligation contractulle, exécution d'un travail public, coexistençe de deux fautes.

III. *Le non cumul des réparations.* — Procédés utilisés : garantie et subrogation.

IV. *Conséquences de l'adoption de la règle cumul.* — Doit-on en généraliser les applications ? ; nécessité de les limiter aux cas où l'agent et le service se révèlent également en faute.

I

La victime du mauvais fonctionnement d'un service public peut agir contre l'agent auteur du dommage, lorsque la faute de celui-ci résulte d'un fait détachable de la fonction ou lorsqu'elle constitue une faute lourde incluse dans l'acte fonctionnel, contre l'administration si le fait dommageable est indétachable de la fonction. Peut-elle utiliser à la fois ces deux actions ? Son intérêt lui commande de le faire, car, le plus souvent, le fonctionnaire condamné à lui payer des dommages-intérêts se révélera insolvable. Il y a de nombreux exemples d'actions intentées devant les tribunaux judiciaires contre l'agent « à l'effet de s'entendre condamner solidairement avec l'Etat pris comme civilement responsable (1) », et si le tribunal des Conflits ne se prête jamais à ces tentatives de mise en cause de la puissance publique devant les tribunaux judiciaires, celles-ci n'en sont pas moins la preuve que l'intervention de l'Etat, prohibée pour des raisons d'ordre purement procédural, paraît équitable et naturelle aux victimes (2).

Le droit privé admet par application de l'art. 1384 du Code civil que l'action en responsabilité soit dirigée à la fois contre le patron et l'employé (3). Par le jeu de la connexité et de l'appel en garantie, ceux-ci figurent, le plus souvent, côte à côte, dans une même instance et sont condamnés solidairement (4).

Mais le droit public diffère du droit privé. Le Conseil d'Etat ayant restreint les cas de responsabilité personnelle des fonctionnaires a dû proclamer, d'une façon générale, la responsabilité impersonnelle de la puissance publique. L'art. 1384 du Code civil ne peut s'appliquer et

---

(1) Cf Trib. des Conf. 15 mars 1902, Mascaras, *Leb*, p. 209.

(2) V. Fliniaux : *Le cumul de la responsabilité de l'agent et de la responsabilité de la personne morale administrative*, Rev. du droit public, 1921, p. 333 et s.; cf. sur la même question : P. Cot, *op. cit.*

(3) Req. 24 fév. 1886, D 87, 1, 37; Paris, 21 mars 1914, *Gaz. Pal.* du 1er mai.

(4) Cass. 11 juillet 1892, 2 arrêts, D 94, 1, 513 et 561; 15 juillet 1895, S 95, 1, 349; 11 janv. 1905, D 06, 1, 57; Req. 26 nov. 1907, D 08, 1, 139; 11 juin 1909, S 12, 1, 13.

l'Etat est responsable « non pas secondairement comme patron de l'agent, mais principalement comme gérant du service (1) ». Ces deux responsabilités distinctes, celle du fonctionnaire et celle du service, sont mises en jeu devant des juridictions qui s'ignorent et dont les décisions n'ont pas, l'une à 'légard de l'autre, l'autorité de la chose jugée. Voilà une autre raison pour ne pas appliquer l'art. 1384 du Code civil. Sans doute, les circonstances de fait permettent souvent à la victime de choisir l'ordre de la juridiction qu'elle saisit de sa demande d'indemnité. Il en est ainsi, sans aucune confusion de compétence possible, lorsque le fait imputé au fonctionnaire présente le caractère d'une faute au sens pénal, c'est-à-dire d'un crime ou délit de droit commun. De même, dans les cas où la forme de l'articulation décidera du choix de la juridiction, et dans les cas où l'accident aurait eu pour cause plusieurs faits distincts relevant, les uns de l'autorité administrative, les autres du pouvoir judiciaire.

Le Conseil d'Etat, partisan résolu de cette indépendance des juridictions, convient que c'est uniquement par des procédés empiriques qu'on empêche la victime de cumuler les réparations. Pour y parvenir, il voudrait que la juridiction appelée à statuer en dernier lieu tienne compte de la décision de la première.

M. Jèze a soutenu le premier la nécessité du cumul de responsabilités, seul moyen pour la victime d'échapper au risque de l'insolvabilité de l'agent. Dès 1909, il en annonçait le triomphe, dans une de ses *Notes de jurispru-*

<hr>

(1) Blum · Conclusions dans l'affaire Lemonnier, ·Cons. d'Et. 26 juillet 1918, *Leb*, p. 761.

dence (1). « Pour quelles raisons, disait-il alors, distinguer entre les deux fautes et donner moins de chances de réparation à mesure que la faute devient plus grave (2) ?... Si l'arrêt du 12 février 1909 (qui a proclamé la responsabilité de l'Etat pour les entraves apportées par le commandant d'un cercle militaire, dans l'exercice de ses fonctions, à l'exécution du contrat intervenu avec la Compagnie Commerciale de colonisation du Congo français) fait jurisprudence ; voici ce qu'il faudra, désormais, enseigner : 1° la responsabilité pécuniaire de l'administration est engagée dans tous les cas de faute lourde de l'agent. L'action est de la compétence des tribunaux administratifs, en règle du Conseil d'Etat ; 2° au cas de faute personnelle de l'agent, en outre de l'action en indemnité contre l'administration, il y a une action personnelle contre l'agent. Cette action est de la compétence des tribunaux judiciaires. »

Plus tard, en 1914 (3), M. Jèze, après avoir critiqué l'explication qu'avait donnée M. Duguit (4) de la règle du non cumul, tirée de cette idée que le patrimoine administratif n'étant responsable des fautes de service qu'en vertu d'une idée d'assurance, cette responsabilité ne pouvait exister lorsque le fait était étranger au service, concluait : « La responsabilité des patrimoines administratifs, à raison des fautes personnelles commises dans le service par les agents publics, cadre admirablement avec l'idée moderne que le professeur Duguit a puissamment

---

(1) *Rev. du Droit Public*, 1910, p. 76, note sous C. d'Et. 12 fév. 1909, Compagnie Commerciale du Congo.

.(2) Il faut se rappeler que pour M. Jèze la faute personnelle est la faute lourde ou qui procède d'une intention mauvaise.

(3) *Rev. du Droit Public*, 1914, p. 569.

(4) Duguit : *Les Transformations du droit public*, p. 274 et s. et p. 277 et s.

contribué à mettre en plein relief : l'Etat groupement de services publics ; les patrimoines administratifs assumant le risque du mauvais fonctionnement des services publics, non pas dans tel ou tel cas, mais dans tous les cas où le service a mal fonctionné. »

Tel serait, d'après M. Jèze, le résultat auquel le Conseil d'Etat serait parvenu en 1918, en confirmant ses décisions antérieures, Compagnie Commerciale du Congo, Provost et Cornu, etc. (1). Sa jurispruence pourrait se formuler dans les principes suivants : « Premier principe : L'autorité municipale chargée de veiller à la sécurité des voies publiques, commet une faute grave en autorisant l'établissement d'un tir sans s'être assurée que les conditions de l'installation et l'emplacement offrent des garanties suffisantes pour cette sécurité. A raison de cette faute, la commune doit être déclarée responsable des accidents.

« Deuxième principe : La circonstance que l'accident éprouvé par la victime serait la conséquence d'une faute d'un agent administratif, préposé à l'exécution d'un service public, laquelle faute aurait le caractère d'une faute personnelle de nature à entraîner la condamnation de cet agent par les tribunaux de l'ordre judiciaire à des dommages-intérêts, et que même cette condamnation aurait effectivement été prononcée, ne saurait avoir pour conséquence de priver la victime de l'accident de poursuivre directement contre la personne publique qui a la gestion du service incriminé, la réparation du préjudice souffert.

« Troisième principe : Il appartient seulement au juge administratif, s'il estime qu'il y a faute de service de na-

---

(1) *Rev. du Droit Public*, 1919, p. 62.

ture à engager la responsabilité de la personne publique, de prendre, en déterminant la quotité et la forme de l'indemnité par lui allouée, les mesures nécessaires en vue d'empêcher que la décision n'ait pour effet de procurer à la victime, par suite des indemnités qu'elle a pu ou qu'elle peut obtenir devant d'autres juridictions à raison du même accident, une réparation supérieure à la valeur totale du préjudice subi. »

Les arrêts du Conseil d'Etat permettent-ils de dire, comme le soutient M. Jèze, que le cumul est toujours possible, et que tout service public est directement responsable des fautes de ses agents, la victime ayant, en outre, la faculté de poursuivre ceux-ci devant les tribunaux judiciaires ? Nous ne le croyons pas. Aussi bien, il est contraire au caractère prétorien de cette jurisprudence de vouloir en généraliser à ce point la portée, en oubliant que le Conseil d'Etat, juge du droit, est aussi juge du fond, et qu'il est essentiel de tenir compte, comme lui-même le fait dans ses arrêts, des circonstances de fait qui l'ont poussé à admettre la possibilité du cumul.

II

Pour qu'il puisse y avoir lieu à cumul de responsabilités, il faut que le fait incriminé soit susceptible d'être déféré indistinctement à la juridiction civile et à la juridiction administrative, ce qui serait le cas de la faute incluse, ou bien, que l'on puisse relever à la charge du fonctionnaire et du service deux faits distincts, générateurs d'obligations, sans doute très proches, puisqu'ils ont causé un seul et même préjudice, mais que les tribunaux se refusent à confondre. Cette dernière hypothèse est la seule sur laquelle le Conseil d'Etat ait statué jusqu'à présent, si bien que M. Hauriou a pu dire : « Cela précise le sens de la règle classique du non cumul, cela ne le détruit pas (1). »

On peut classer les arrêts qui ont admis le cumul en trois groupes, selon que le fait reproché à la personne administrative est un dommage causé par l'inexécution d'un contrat, ou par l'exécution d'un travail public, ou bien une faute de service concomitante à une faute personnelle (2).

Dans tous ces cas, le tribunal civil n'apprécie que le fait personnel de l'agent, le tribunal administratif, le fait du service. L'un et l'autre restent donc dans les limites de leurs attributions.

La première série d'arrêts dans laquelle la possibilité du cumul ait été admise a eu pour objet des dommages causés par l'inexécution d'un contrat.

Ce fut tout d'abord l'arrêt : *Compagnie Commerciale de colonisation du Congo français*, auquel nous avons fait allusion (3). Le commandant d'un cercle militaire s'était livré, dans l'exercice de ses fonctions, à des agissements nuisibles pour la Compagnie et qui avaient eu pour résultat d'entraver l'exécution d'un contrat que celle-ci avait conclu avec l'Etat.

Le Conseil d'Etat a décidé qu' « en admettant même que ces actes aient constitué des fautes personnelles, ils n'en ont pas moins été accomplis par un agent de l'Etat,

<hr>

(1) Hauriou, note sous C. d'Et. 26 juillet 1918, Lemonnier. S 1918-19. 3. 41.
(2) Ce classement diffère assez peu de ceux qui ont été donnés par Fliniaux et par Cot, *op. cit.*
(3) C. d'Et. 12 fév. 1909. Compagnie Commerciale de colonisation du Congo français. *Leb*, p. 153.

dans l'exercice de ses fonctions et que s'il était établi
qu'ils ont entravé l'exécution du contrat intervenu le
9 juin 1899 entre l'Etat et la Compagnie requérante et
qu'ils ont été la cause directe d'un réel préjudice pour la
Compagnie, ils pourraient être de nature à engager la
responsabilité de l'Etat. »

De même, dans une affaire *Carretier* (1). L'exécution
d'un contrat d'entreprises entre le sieur Carretier et plusieurs communes ayant été entravée par les manœuvres
de quelques agents du service vicinal, le Conseil d'Etat
a jugé que les communes intéressées étaient responsables
du préjudice qui en était survenu, parce qu'en « admettant même que ces agissements aient constitué des fautes
personnelles, ils n'en ont pas moins été accomplis par
des agents des communes intéressées, dans l'exercice de
leurs fonctions. »

Certains auteurs, parmi lesquels M. Jèze (2), dont
nous avons rapporté l'opinion, ont voulu voir dans ces
arrêts la consécration de la théorie du cumul. D'autres,
au contraire (3), pensent que le Conseil d'Etat s'est con-
tenté d'affirmer la responsabilité contractuelle de l'Etat
ou des communes qui étaient tenus d'assurer à leur con-
cessionnaire la jouissance paisible de la chose concédée
et qui auraient dû prendre les mesures nécessaires pour
que leurs agents ne puissent, dans l'exercice de leurs
fonctions, commettre des actes délictueux de nature à

---

(1) C. d'Et. 25 juin 1909, **Carretier**, *Leb*, p. 616.

(2) Jèze, *Rev. du Droit Public*, 1910, p. 76 ; cf. Blüm, conclusions dans
l'affaire Lemonnier, déj. cit.; Appleton, note au Dalloz, 1920, 3, 1.

(3) Hauriou, note sous C. d'Et. 26 juillet 1918, Lemonnier, déj. cit. ;
Duguit : *Manuel de Droit constitutionnel*, t. I, p. 550 ; Fliniaux, *op. cit.* ;
cf. sur la responsabilité de l'Etat à raison de ses actes administratifs :
C. d'Et, 3 déc. 1920, Fromassol, *Rev. du Droit Public*, 1921, p. 73.

troubler cette jouissance. Cette dernière solution semble bien devoir être seule admise.

Dans une second groupe d'arrêts, le cumul de responsabilités a été admis pour des dommages résultant de l'exécution d'un travail public. C'est ainsi que Mme Augé-Chiquet ayant demandé à l'Etat et au sieur Vigouroux une indemnité pour le dommage résultant du décès de son fils, provoqué par un accident de chantier survenu au cours de l'exécution des travaux de reconstruction d'une caserne à Rodez, où il accomplissait son service militaire, satisfaction lui fut accordée, bien que l'action civile née du délit fut prescrite, parce que son action dérivait, non d'un délit, mais d'un dommage causé par des travaux publics et que ces deux actions étaient soumises à des règles différentes (1).

C'est ensuite un arrêt *Provost et Cornu* (2). Au cours de l'exécution de travaux dans la cour d'une école, le cantonnier de la commune oublia d'éclairer une tranchée dans laquelle une fillette se tua en tombant. Le père agit en responsabilité contre le cantonnier et solidairement contre la commune. Le tribunal des Confllits, appelé à trancher la question de compétence, reconnut implicitement la possibilité du cumul en partageant le procès en deux actions distinctes, relevant de juridictions différentes et reposant, l'une sur la faute personnelle, l'autre sur le dommage résultant de l'exécution du travail public.

Autre espèce : le sieur Babouet ayant été blessé à Bordeaux et sa femme tuée par électrocution, due à la rupture d'un fil téléphonique que des ouvriers étaient en train de

<hr>

(1) C. d'Et. 22 mai 1912, dame Augé-Chiquet, *Leb.* p. 600
(2) Trib. des Conf. 2 mai 1914, Provost et Cornu, *Leb.* p. 531.

poser, le contremaître chargé de la surveillance des travaux fut condamné par l'autorité judiciaire à lui verser des dommages-intérêts. Le Conseil d'Etat, également saisi, décida que la victime conservait, malgré cette condamnation, le droit de poursuivre directement contre l'Etat la réparation du préjudice qu'elle avait souffert (1)

Nous arrivons enfin à la troisième série d'arrêts, dans laquelle le cumul de responsabilité a été admis pour des dommages ayant pour cause deux fautes distinctes, et dont l'une peut être considérée par l'autorité judiciaire comme personnelle à l'agent qui doit en être responsable, alors que l'autre est une faute de service qui met l'autorité administrative dans l'obligation de proclamer la responsabilité de l'administration.

M. Fliniaux suppose (2) que Laferrière y songeait déjà lorsqu'il disait dans ses conclusions prises dans l'affaire Laumonnier-Carriol : « La responsabilité civile ne s'ajoute à la responsabilité administrative que si l'irrégularité commise par le fonctionnaire constitue en même temps une faute lourde, excédant les risques de la fonction, ou si elle révèle une intention mauvaise (3). »

Quoiqu'il en soit, c'est en 1911 seulement que le Conseil d'Etat a admis la possibilité du cumul, à raison de la coexistence de deux fautes et dans les circonstances suivantes : M. Anguet étant entré dans un bureau de poste n'en put sortir par la porte réservée au public, fermée

---

(1) C. d'Et. 16 juillet 1914, Bahouet, *Leb.* p. 882. La Cour de cassation admet également la possibilité d'une double action : 1° action de travaux publics de la compétence administrative; 2° action civile née de la faute personnelle de l'agent, de la compétence des tribunaux judiciaires. V. Civ. Cass. 27 nov. 1918; S 21. 1, 353. note Mestre.

(2) Fliniaux, *op. cit.*

(3) Laferrière, conclusions sous Trib. des Conf. 5 mai 1877, Laumonnier-Carriol, *Leb,* p. 437; cf. : *Traité de la juridiction administrative,* t. II, p. 680.

avant l'heure réglementaire. Sur l'indication d'un agent, il pénétra, pour gagner une autre issue, dans la partie du bureau réservée au personnel. Deux employés, occupés à leur travail, se jetèrent sur lui et le poussèrent si brutalement dans la rue qu'il tomba et se cassa une jambe. Lorsque les deux employés eurent été condamnés correctionnellement, sans qu'il semble que M. Anguet se soit porté partie civile, celui-ci agit en responsabilité contre l'Etat. L'existence d'une faute personnelle était établie, sans doute possible. Le Conseil d'Etat décida qu'il y avait faute du service, l'accident devant être attribué quelque fût « la responsabilité personnelle encourue par les agents auteurs de l'expulsion, au mauvais fonctionnement du service public », et que la victime avait le droit de demander à l'Etat la réparation du préjudice qui en était résulté (1).

C'est ensuite un arrêt *Beaudelet* (2). Pendant la guerre, un sous-officier dévisse, au cantonnement, une grenade allemande qui explose et tue Mmes veuve Beaudelet et Eugène Beaudelet. L'autorité militaire qui avait interdit aux soldats de conserver des engins ennemis, n'avait pris aucune mesure pour assurer l'exécution de cette prescription. Le Conseil d'Etat a jugé que, quelque pût être la responsabilité personnelle du sous-officier qui avait provoqué l'explosion, l'accident devait être regardé « comme la conséquence d'une faute du service public, de nature à engager, vis-à-vis des tiers, la responsabilité pécuniaire de l'Etat. »

L'espèce la plus caractéristique par les recours et les

---

(1) C. d'Et. 3 fév. 1911, Anguet, *Leb*, p. 146 et S 11. 3. 137. note Hauriou.
(2) C. d'Etat 15 mars 1918, Beaudelet, *Leb*, p. 259.

décisions multiples et variées auxquelles elle a donné lieu, est certainement celle de l'arrêt *Lemonnier* (1). Mme Lemonnier avait été atteinte, à Roquecourbe, par une balle provenant d'un tir situé sur une des rives de la rivière de l'Agout sur laquelle flottaient les buts, alors qu'elle-même se promenait sur la rive opposée. Après avoir assigné le maire devant le tribunal de Castres, qui se déclara incompétent, et après avoir adressé une demande de dommages-intérêts au conseil municipal qui répondit de façon douteuse, puis garda le silence, les époux Lemonnier formèrent deux recours devant le Conseil d'Etat contre la délibération du Conseil municipal et contre la décision implicite de rejet de leur demande. En même temps, ils faisaient appel devant la Cour de Toulouse qui condamna le maire à leur payer des dommages-intérêts. Le Conseil d'Etat fut appelé à statuer sur leur demande le 26 juillet 1918, alors que cet arrêt, déféré à la Cour de cassation, avait déjà été l'objet d'un arrêt d'admission de la Chambre des requêtes; il décida « que la circonstance que l'accident éprouvé serait la conséquence d'une faute d'un agent administratif préposé à l'exécution d'un service public, laquelle aurait le caractère d'un fait personnel de nature à entraîner la condamnation de cet agent par les tribunaux de l'ordre judiciaire à des dommages-intérêts, et que même cette condamnation aurait été effectivement prononcée, ne saurait avoir pour conséquence de priver la victime de l'accident du droit de poursuivre directement, contre la personne publique qui à la gestion du service incriminé, la réparation du préjudice souffert. »

(1) C. d'Et. 26 juillet 1918, Lemonnier, *Leb*, p. 761.

La possibilté du cumul se comprenait d'autant mieux dans cette hypothèse, qu'alors même que le maire eût été personnellement responsable, l'autorité municipale, prévenue que les balles tombaient sur la promenade et qu'un accident avait déjà eu lieu, avait fait preuve d'une négligence inexcusable en n'imposant aucune mesure de précaution. En fait, les époux Lemonnier agirent sagement en s'adressant au Conseil d'Etat. La chambre civile de la Cour de cassation cassa, en effet, le 5 janvier 1921, l'arrêt de la Cour de Toulouse (1), parce que les faits relevés à la charge du maire de Roquecourbe, loin de constituer une faute personnelle distincte de l'acte administratif, n'étaient, en réalité, qu'une insuffisance des mesures prises par le maire dans l'exercice de ses fonctions municipales, pour prévenir les dangers d'un tir qu'il avait autorisé.

Enfin, dans une affaire *Lhuillier* (2), un militaire cantonné chez l'habitant avait tué, étant ivre, d'un coup de fusil, le fils de ses hôtes. Le meurtrier fut condamné à mort par le Conseil de guerre. Les parents de la victime ayant demandé une indemnité, le Conseil d'Etat décida qu'elle devait être accordée, parce que les actes qui avaient provoqué la condamnation à mort du soldat T..., n'avaient donné lieu à aucune intervention de l'autorité militaire, et qu'il y avait là une preuve de manque de surveillance de nature à engager la responsabilité de l'Etat.

Dans toutes les espèces qui précèdent, la faute concomitante à celle du service a été commise par un fonction-

---

(1) Cass. 5 janv. 1921, D 21. 1, 17, note Appleton. .
(2) C. d'Et. 14 nov. 1919. époux Lhuillier, *Leb* p. 819.

naire. Le Conseil d'Etat a fait application, d'une façon identique, du principe du cumul, dans un arrêt *Thévenet* ; alors que l'auteur du dommage était un particulier insolvable, dont la faute avait été rendue possible par une défaillance du service (1).

Le cumul de responsabilités semble être entré définitivement dans le domaine de la pratique, pour le plus grand avantage des administrés, qui trouvent, dans ce système, un moyen certain d'obtenir la réparation du préjudice causé. Il nous reste à voir dans quelle proportion l'auteur du dommage et le service doivent contribuer au paiement des dommages-intérêts.

III

Il est de règle en matière d'actions réipersécutoires qu'on ne puisse cumuler les réparations, dont le montant ne peut dépasser celui du dommage. La Cour de cassation admet cependant qu'il en soit autrement et qu'un agent de l'Etat, victime d'un accident imputable à un tiers cumule l'indemnité qui est due par celui-ci avec la réparation forfaitaire (pension) accordée par l'Etat (2). L'indemnisation excède alors le préjudice et c'est ce que le Conseil d'Etat s'est toujours refusé à admettre en décidant « qu'il appartient.... au juge administratif, s'il estime qu'il y a une faute de service de nature à engager la responsabilité de la personne publique, de prendre, en déterminant la quotité et la forme de l'indemnité par lui allouée, les mesures nécessaires, en vue d'empêcher que sa décision n'ait pour effet de procurer à la victime,

(1) C. d'Et. 23 juin 1916, Thévenet, *Leb*. p. 245.
(2) V. Ripert, note au Dalloz, 1921, 2, 17.

par suite des indemnités qu'elle a pu ou qu'elle peut obtenir devant d'autres juridictions, à raison du même accident, une réparation supérieure à la valeur totale du préjudice subi (1). »

S'il est facile au juge qui connaît à la fois des deux
actions en responsabilité, ainsi qu'il en est du commettant et du préposé en droit civil, de faire en sorte que la
victime ne cumule pas les réparations, il n'en est pas de
même lorsque deux juridictions, qui s'ignorent volontairement, sont chargées de statuer séparément sur les actions qui sont de leur ressort respectif. En fait, elles ne
peuvent y parvenir que par des procédés empiriques.

Le résultat à atteindre est double : assurer en tout état
de cause réparation du préjudice ; maintenir la prédomi-
nance de la responsabilité de l'agent. Auteur direct du
dommage, ce dernier doit être l'obligé principal. L'autre
auteur, le service qui ne l'est qu'indirectement, ne peut
être tenu que subsidiairement, en cas d'insolvabilité du
débiteur principal, parce qu'il n'est fautif qu'à un degré
inférieur et que la responsabilité doit être proportion-
nelle à la faute.

On ne peut songer à employer, pour éviter le cumul
des réparations, l'obligation *in solidum*, en réglant la
contribution par l'art. 1216 du Code civil. Ce procédé
exigerait qu'il y eut unité d'obligation et, pour cela, identité de cause, ce que nous n'avons trouvé dans aucune
des espèces sur lesquelles le Conseil d'Etat a statué.

Celui-ci a résolu la difficulté par deux procédés différents : la garantie et la subrogation.

Le premier a été employé dans l'affaire *Babouet* (2).

(1) C. d'Etat. 26 juillet 1918, Lemonnier. déj. cit.
(2) C. d'Et. 16 juillet 1914, Babouet, déj. cit.

Après avoir déclaré l'Etat responsable et affirmé l'obligation pour le juge administratif de tenir compte des condamnations déjà prononcées au profit du sieur Babouel par les tribunaux civils, le Conseil d'Etat a décidé qu'il lui appartenait de limiter, s'il y avait lieu, la responsabilité de l'Etat « à la garantie de tout ou partie desdites condamnations ». Ainsi conçue, la responsabilité de l'Etat est vraiment subsidiaire. Ce devrait même être seulement « une sorte de cautionnement forcé qui laisse à la commune le bénéfice de discussion. La commune... ne doit être assignée que pour compléter, le cas échéant, la réparation demandée... (1). »

Le second procédé, celui de la subrogation judiciaire, a été appliqué, entre autres, dans les arrêts *Thévenet* et *Lemonnier*. La victime n'est autorisée à toucher les dommages-intérêts auxquels est condamné la personne administrative auteur du dommage, qu'à la condition de la subroger dans les droits qui résulteraient pour elle-même des condamnations qui auraient été ou qui seraient définitivement prononcées à son profit contre le fonctionnaire condamné personnellement, à raison du même accident, par l'autorité judiciaire.

Ce procédé que le Conseil d'Etat paraît admettre définitivement, permet à la victime de poursuivre, en premier lieu, l'administration, dont elle sait qu'elle recevra une indemnité, et dont la responsabilité demeure, malgré tout subsidiaire, puisqu'elle peut exercer une action récursoire contre le fonctionnaire qui a causé le dommage. Quoique pouvant aboutir à compliquer la procédure, il fonctionne d'une façon satisfaisante. La victime

---

(1) Corneille, conclusions dans l'affaire Thévenet, C. d'Et. 23 juin 1916, déj. cit.

est sûre de toucher la réparation qui lui due, qu'elle poursuive d'abord la personne administrative ou qu'elle n'agisse contre celle-ci qu'au moment où l'auteur du dommage, condamné par les tribunaux judiciaires, se sera révélé insolvable.

Le seul reproche qu'on puisse faire au procédé de la subrogation est de ne pas mettre suffisamment en relief la responsabilité du fonctionnaire. La victime, qui redoute les inconvénients qui peuvent résulter de l'éloignement et des lenteurs du Conseil d'Etat, et auxquels la création de tribunaux administratifs régionaux permettrait facilement de remédier, poursuivra directement le fonctionnaire devant les tribunaux judiciaires, mais ce sera là l'exception, et, en règle générale, tout plaideur avisé, afin d'éviter le risque de l'insolvabilité de l'agent et les frais d'une double action devant les tribunaux judiciaire et administratif, s'adressera directement au Conseil d'Etat, dont il sera certain d'obtenir une juste réparation.

IV

Tout cela aboutit à faire passer la responsabilité du fonctionnaire au second plan et à faire toujours condamner l'administration. De là, les griefs que l'on fait valoir à l'encontre de la théorie du cumul.

Comme rien n'oblige la personne administrative à exercer l'action récursoire, il est tout naturel de penser qu'elle s'abstiendra de le faire en cas d'ordre hiérarchique. Des interventions étrangères, déjà trop fréquentes, se manifesteront en faveur des fonctionnaires coupables. On rétablira ainsi, d'une façon indirecte, la garantie administrative, avec cette circonstance aggravante que ce sera l'administration active qui aura le pouvoir d'en faire usage. Avec la responsabilité personnelle des fonctionnaires disparaîtra une garantie politique essentielle (1), et le meilleur moyen que l'on ait trouvé pour empêcher les prévarications des agents publics. Il est impossible de considérer sans inquiétude un mouvement qui tend à diminuer le jeu d'une responsabilité, déjà si restreinte, alors que la théorie du fait détachable permet d'arriver à une solution équitable pour les parties en cause.

Ces arguments des adversaires de la théorie du cumul ne sont pas décisifs. L'équité exige que la victime du dommage, dû à la faute personnelle d'un fonctionnaire, soit assurée de toucher une réparation correspondante. Puisque le Conseil d'Etat se refuse à appliquer les règles du Code civil, et notamment l'art. 1384, il devait chercher le moyen pratique d'obtenir un résultat équivalent. C'est à quoi il est parvenu avec le cumul de responsabilité. Seule, la possibilité du cumul peut faire disparaître les incertitudes qui naissent pour la victime de la distinction du fait personnel et du fait de service, et lui éviter toute diminution de ses chances d'être indemnisée, alors que la faute de service est ordinairement moins grave que la faute personnelle.

Quant au reproche qu'on a fait à la théorie du cumul de sacrifier le principe de la responsabilité personnelle du fonctionnaire, il est facile d'y échapper en utilisant, pour éviter le cumul des réparations, un procédé tel que celui de la garantie ou du cautionnement forcé, au lieu de celui de la subrogation.

(1) Cf. Hauriou, note sous C. d'Et. 26 juillet 1918, Lemonnier, S 1918-19, 3. 41

La responsabilité du service public serait alors vraiment subsidiaire, et dans le cas où le fonctionnaire condamné serait insolvable, l'administration pourrait fort bien se contenter d'un simple recours gracieux, qui, liquidé rapidement, ne retarderait que de peu la solution définitive du litige.

Rien ne s'opposerait, à cette condition, à ce que l'application du cumul fut généralisée, si cela ne devait aboutir à abandonner la théorie de la faute pour celle du risque, comme fondement de la responsabilité. Le service serait, en effet, responsable parce que la faute de l'agent aurait été commise dans le service ou à son occasion, et que le service aurait conditionné l'accomplissement de la faute ou la production de ses conséquences dommageables, vis-à-vis d'un individu déterminé.

Les particuliers, obligés par les nécessités de l'existence, de subir de plus en plus fréquemment le contact d'une administration envahissante, sont exposés, par là même, à en souffrir plus vivement. L'administration devrait les couvrir des risques exceptionnels que ces rapports leur font courir ; il faudrait qu'elle les assure, en particulier, contre le préjudice éventuel qui peut résulter pour les administrés des faits personnels accomplis par les agents dans le service.

Mais la jurisprudence administrative reste attachée, nous l'avons vu, à la théorie de la faute, qui doit limiter d'elle-même les cas d'application de la règle du cumul. Ce n'est pas seulement la responsabilité personnelle de l'agent qui doit être fondée sur la théorie de la faute, c'est aussi la responsabilité du service. Et nous savons que celle-ci est engagée, en réalité, par les fautes des

agents qui, pour des raisons de compétence, sont impu-
tées à l'administration. Le cumul ne doit être admis que
lorsqu'il est relevé, à la charge du service, une faute concomitante à celle du fonctionnaire : c'est ce qui aura tou-
toujour lieu dans le cas où la faute personnelle sera une
faute lourde incluse dans l'acte fonctionnel, et aussi lorsqu'il existera à la charge de l'un et de l'autre, deux fautes
distinctes donnant lieu à deux responsabilités. Dans les
autres cas, le fonctionnaire sera seul tenu de la réparation du préjudice causé.

Ainsi limitée, la théorie du cumul respecte les tendances actuelles de la jurisprudence ; elle se trouve d'accord,
si on laisse de côté les arrêts qui ont admis le cumul pour
des raisons spéciales, soit à l'occasion de l'exécution de
travaux publics, soit à propos de l'inexécution d'un contrat, avec les arrêts relatifs à l'hypothèse de la « double
faute ». Enfin, l'administration n'intervenant que pour
garantir à la victime le paiement de l'indemnité, la responsabilité du fonctionnaire demeure au premier plan,
ainsi que l'exigent la morale et la politique.

La jurisprudence du Conseil d'Etat prouve que celui-
ci est parvenu à édifier une doctrine d'ensemble, homo-
gène, de la responsabilité des personnes publiques, fondée sur la théorie de la faute, avec toutes les conséquences
qui en dérivent. Doit-on regretter, dans ces conditions,
que le seul support de cette doctrine soit l'équité et que
la réclamation, aux fins d'indemnité, ne soit pas l'exercice d'un droit. M. Berthélémy le pense, parce qu'elle ne
sera jamais « qu'une sorte de recours gracieux exercé
dans la forme juridictionnelle » et que l'indemnité, au
lieu d'être une légitime réparation, ne sera qu'une « faveur accordée par le Conseil d'Etat, quand il le jugera à

propos, et destinée à éviter une injustice (1) ». Chaque
solution a ses avantages. Le droit écrit présente plus de
fixité, partant plus de sécurité, pour ceux qui, ayant besoin d'y avoir recours, auront peu à craindre des revire-
ments de l'opinion. Le droit coutumier, plus simple,
plus facile à adapter à toutes les circonstances de fait, est
un merveilleux instrument entre les mains du juge que
sa formation, son intelligence, sa prudence auront rendu
susceptible d'en user avec modération. En fait, le Conseil
d'Etat a toujours été doué de ces qualités essentielles. Il
est peu probable que l'avenir les lui fasse perdre et dimi-
nue les garanties que les administrés trouvent auprès de
lui.

Si l'on compare maintenant les deux théories de la
responsabilité en droit public et en droit privé, on constate sans peine, que loin d'être séparées par des divergences irréductibles, ainsi qu'on le pense généralement,
elles se révèlent, dans leur ensemble, presque identiques.
Lorsque le Conseil d'Etat proportionne la responsabilité
au degré de la faute, il ne fait qu'imiter ce que décide le
Code civil, notamment à propos du mandat. En admettant le cumul de responsabilités, il arrive à une solution
très voisine de la responsabilité des commettants. Seules,
subsistent quelques différences de détail : ainsi la réparation du préjudice moral causé par la lésion d'un simple intérêt d'affection. La similitude des deux jurispru-
dences tient à ce que l'équité a inspiré notre législation,
et chacune des juridictions civile et administrative. Il ne
pouvait y avoir de solution vraiment équitable pour l'une
qui ne le fût pas pour l'autre.

(1) Berthélémy, *op. cit.*, p. 92.

<table>
<tr><td>Vu :</td><td>Vu :</td></tr>
<tr><td>*Le Doyen,*</td><td>*Le Président de la Thèse,*</td></tr>
<tr><td>H. BERTHÉLÉMY.</td><td>H. BERTHÉLÉMY.</td></tr>
</table>

Vu et permis d'imprimer :

Le recteur de l'Académie de Paris,

P. APPELL.

BIBLIOGRAPHIE

N. B. — Cette bibliographie ne comprend que
les ouvrages cités

Appert. — Notes au recueil Sirey, de 1904 à 1916.

Appleton. — Notes au recueil Dalloz, de 1920 et 1921.

Aubry et Rau. — Cours de Droit civil français, 5ᵉ éd.

Barthélémy. — L'ordre hiérarchique et la responsabilité
des fonctionnaires, *Revue du Droit public*,
1912.

Bartin. — Notes au Cours de Droit civil, d'Aubry et Rau.

Berthélémy. — Traité élémentaire de Droit administratif, 9ᵉ éd.

Blum. — Conclusions dans l'affaire Lemonnier.

Charmont. — Note au recueil Sirey, 1911.

Chavegrin. — Note au recueil Sirey, 1896.

A. Colin et H. Capitant. — Cours élémentaire de Droit
civil français, 2ᵉ éd.

Corneille. — Conclusions dans les affaires Regnault-
Desroziers et Thévenet.

Cot. — La responsabilité des fonctionnaires.

Dalloz. — Recueil périodique de jurisprudence.

David. — Conclusions dans l'affaire Blanco.

Demolombe. — Cours de Code Napoléon.

De Tocqueville. — L'ancien régime et la Révolution.

De Villemomble. — Rapport à la Cour de Cassation.

Digeste. — L. IX, t. II, fragment 44, *Ad legem Aquiliam*.

Domat. — Loix civiles

Dufourmantelle. — Les principes de réforme en matière d'incendie et les réformes législatives proposées aux art. 1384 et 1386, *Journ. des Assur.*, 1922.

Duguit. — L'Etat, les gouvernants et les agents.
   — Les Transformations du droit privé.
   — Les Transformations du droit public.
   — Notes au recueil Sirey, 1918-19.

Esmein. — Notes au recueil Sirey, 1898 et s.

Faye. — La Cour de Cassation.

Fliniaux. — Le cumul de la responsabilité de l'agent et de la responsabilité de la personne morale administrative, *Rev. du droit public*, 1921.

Garçon. — Code pénal annoté.

Garraud. — Droit pénal.

Gazette du Palais. — Journal et recueil.

Gazette des Tribunaux. — Journal et recueil.

Giraud. — De la responsabilité de l'Etat à raison des dommages naissant de la loi.

Hauriou. — Précis de Droit administratif et de Droit public, 10e éd.,
   — Principes de Droit public, 9e éd.
   — Notes au recueil Sirey.

Hugueney. — Notes au recueil Sirey, 1922.

Jèze. — Les principes généraux du droit administratif.
   — Notes de Jurisprudence dans la *Revue du Droit public*.

JOSSERAND. — De la responsabilité du fait des choses inanimées.

— Notes au recueil Dalloz, 1906 et s.

LABBÉ. — Notes au recueil Sirey, 1889.

LAFERRIÈRE. — Traité de la juridiction administrative, 2ᵉ édit.

— Conclusions dans l'affaire Laumonnier-Carriol.

LALOU. — Notes au recueil Dalloz, 1920 et s.

LASSERRE. — Cinquante ans de Pensée française.

LEBON. — Recueil des arrêts du Conseil d'Etat.

LYON-CAEN. — Notes au recueil Sirey.

MARCADÉ. — Code Napoléon, 5ᵉ éd.

MESTRE. — Notes au recueil Sirey, 1918-19.

MICHOUD. — La Personnalité morale.

PLANIOL. — Traité élémentaire de Droit civil, 8ᵉ éd.

Du fondement de la responsabilité, *Rev. critique*, 1905.

— Notes au recueil Dalloz.

RIPERT. — Cours de droit civil approfondi professé à la Faculté de Droit, 1920-21.

— De l'exercice du droit de propriété dans ses rapports avec les propriétés voisines, *Revue critique*, 1911, 1912 et 1913.

— Notes au recueil Dalloz, 1907, 1920, 1922.

ROLLAND. — La loi du 17 avril (1919) sur les réparations des dommages causés par les faits de la guerre, *Rev. du droit public*, 1919.

ROMIEU. — Conclusions dans l'affaire Tomaso Grecco.

REVUE DU DROIT PUBLIC..

SAINCTELETTE. — Responsabilité et Garantie.

SALEILLES. — Note au recueil Dalloz, 1897.

SARRUT. — Notes au recueil Dalloz, 1885 et 1913.

SAUZET. — La responsabilité des patrons envers leurs ouvriers, *Rev. critique*, 1883.

SAVATIER. — Note au recueil Dalloz, 1920.

SIREY. — Recueil de Jurisprudence.

TAINE. — Les origines de la France contemporaine.

TEISSIER. — La responsabilité de la puissance publique.

— Conclusions dans l'affaire Feutry.

TIRARD. — De la responsabilité de la puissance publique.

WAHL. — Note au recueil Sirey, 1903 et s.

TABLE DES MATIÈRES

Chapitre II

La Responsabilité du fait personnel

DEUXIÈME PARTIE

LA RESPONSABILITÉ EN DROIT PUBLIC

CHAPITRE PREMIER

Origine et évolution de la responsabilité en droit public

CHAPITRE II

La responsabilité des fonctionnaires

Chapitre III

La responsabilité de l'administration

PARIS

LES PRESSES UNIVERSITAIRES DE FRANCE

49, BOULEVARD SAINT-MICHEL

www.ingramcontent.com/pod-product-compliance
Ingram Content Group UK Ltd.
Pitfield, Milton Keynes, MK11 3LW, UK
UKHW022025170726
13837UKWH00001B/404